Sinergia Finanziaria: Costruire un Futuro Solido a Due

Una guida essenziale per le coppie moderne: dal budgeting congiunto e investimenti, alla pianificazione successoria e risoluzione dei conflitti legati al denaro.

Coppia Felice

6. **Gestione del debito**

- Strategie per pagare i debiti più velocemente.

- L'importanza di evitare ulteriori debiti inutili.

7. **Pianificazione degli obiettivi finanziari a breve e lungo termine**

- Ad esempio, acquisto di una casa, vacanze, istruzione dei figli.

8. **Fondi di emergenza**

- L'importanza di avere risparmi per le emergenze.

- Quanto risparmiare e come utilizzarli.

9. **Investimenti per il futuro**

- Introduzione agli investimenti.

- Considerazioni per le coppie e strategie di investimento.

10. **Risparmiare per la pensione**

- Conti pensionistici e altri strumenti di risparmio.

- Calcolare quanto bisogna risparmiare.

11. **Tasse e implicazioni fiscali**

- Ottimizzazione delle deduzioni.

- Pianificazione fiscale per le coppie.

12. **Assicurazione e protezione patrimoniale**

- Considerazioni sulla polizza vita, salute e proprietà.

13. **Pianificazione successoria**

- Testamenti, trust e pianificazione dell'eredità.

14. **Gestire le sfide finanziarie**

- Affrontare disoccupazione, malattie o altri imprevisti.

15. **Rivedere e aggiornare il budget**

- L'importanza della revisione periodica.

- Adattarsi ai cambiamenti nella vita e nelle finanze.

16. **Tecniche e strumenti di budgeting**

- App e software utili.

- Registri manuali vs. soluzioni digitali.

17. **L'importanza dell'educazione finanziaria continua**

1. Introduzione

L'importanza del budgeting per le coppie:

Il budgeting è spesso visto come un esercizio numerico, una mera somma e sottrazione di cifre. Tuttavia, quando si parla di coppie, il budgeting assume una dimensione completamente nuova e profonda. Non si tratta solo di denaro, ma anche di valori, aspettative, sogni e obiettivi comuni.

Per molte coppie, parlare di denaro può essere una fonte di tensione. Questo può derivare da diverse filosofie finanziarie, livelli di debito o semplicemente abitudini di spesa. Tuttavia, evitare il discorso sul denaro non fa altro che alimentare l'insicurezza e l'ansia. Ecco perché il budgeting diventa essenziale.

Creare un budget condiviso non solo aiuta le coppie a tracciare un percorso finanziario, ma promuove anche la trasparenza, la fiducia e la collaborazione. Attraverso questo processo, le coppie possono capire e rispettare le priorità dell'altro, lavorare verso obiettivi comuni e costruire una base solida per il loro futuro insieme.

Obiettivi del libro:

Attraverso questo libro, miriamo a:

- **Educare:** Fornire una comprensione di base dei principi del budgeting e delle finanze personali, e come questi si applicano in un contesto di coppia.

- **Guidare:** Fornire passo dopo passo istruzioni, consigli e strategie per aiutare le coppie a creare, attuare e mantenere un budget congiunto.

- **Comunicare:** Promuovere una comunicazione efficace e aperta tra i partner riguardo alle finanze. Il denaro può essere un argomento carico di emozioni, e vogliamo fornire alle coppie gli strumenti per navigare queste acque complesse con empatia e comprensione.

- **Inspirare:** Condividere storie di successo e testimonianze di coppie che hanno superato sfide finanziarie e sono riuscite a costruire un futuro prospero insieme.

L'obiettivo finale è che, al termine di questo libro, le coppie si sentano empowerate, informate e motivate a prendere il controllo delle loro finanze congiunte e a costruire un futuro finanziario luminoso insieme.

Il budgeting, nella sua essenza, è un mezzo per prendere il controllo. Per una coppia, è anche un modo per unire due storie finanziarie distinte in una narrazione condivisa. Quando due persone decidono di unire le loro vite, non stanno solo mescolando le loro personalità e i loro valori, ma anche le loro esperienze, aspettative e abitudini finanziarie. E, proprio come ogni altro aspetto della vita di coppia, la gestione del denaro richiede comprensione, empatia e collaborazione.

La profondità del budgeting nel contesto delle relazioni:

Il denaro, spesso, è molto di più dei numeri. Racconta una storia di ciò che valorizziamo, di come vediamo il mondo e di come vogliamo plasmare il nostro futuro. Per le coppie, il denaro può rappresentare sicurezza, possibilità, indipendenza o persino amore. Allo stesso tempo, può essere anche una fonte di conflitto, malintesi e preoccupazioni.

Ogni individuo porta con sé un bagaglio di esperienze finanziarie. Queste possono includere lezioni apprese dai propri genitori, esperienze personali come l'aver accumulato debiti o aver risparmiato per qualcosa di significativo, o persino le influenze culturali e sociali su come si dovrebbe spendere o risparmiare. Quando queste storie individuali si incontrano in una relazione, possono sorgere sfide.

Per esempio, uno potrebbe provenire da una famiglia dove il risparmio era la norma e potrebbe aver internalizzato l'importanza di mettere da parte denaro per il futuro. L'altro potrebbe vedere il denaro come un mezzo per godersi il presente, avendo vissuto esperienze che gli hanno insegnato l'importanza di vivere il momento. Questi due approcci al denaro possono portare a tensioni se non vengono riconosciuti, discussi e integrati in un approccio condiviso.

Il ruolo del dialogo nella gestione finanziaria congiunta:

La comunicazione è l'elemento chiave. Molte coppie evitano di parlare di denaro perché può essere un argomento sensibile. Ma evitare la questione non fa altro che posticipare eventuali conflitti e malintesi. Invece, affrontare proattivamente le questioni finanziarie attraverso discussioni aperte e oneste può prevenire molte tensioni.

Attraverso queste conversazioni, le coppie possono scoprire che i loro "conflitti" sul denaro non riguardano realmente il denaro stesso, ma piuttosto ciò che esso rappresenta. Per alcuni, il denaro potrebbe rappresentare sicurezza; per altri, libertà. Comprendere queste sfumature emotive e psicologiche del denaro può aiutare le coppie a costruire una base comune.

L'integrazione di obiettivi e aspirazioni:

Ogni individuo ha sogni e aspirazioni. Questi possono includere viaggi in posti esotici, ottenere una certa formazione, acquistare una casa, o persino piccole cose come cenare fuori una volta alla settimana. Quando due persone si uniscono, è cruciale che queste aspirazioni individuali siano riconosciute e, se possibile, integrate in un quadro finanziario condiviso.

Questo non significa necessariamente che ogni desiderio o aspirazione debba essere perseguito. Piuttosto, significa che ogni partner dovrebbe sentirsi ascoltato e che le sue aspirazioni siano prese in considerazione nel budgeting congiunto.

I benefici di una pianificazione congiunta:

Oltre a prevenire conflitti e malintesi, il budgeting congiunto ha molti altri benefici. Promuove la trasparenza nella relazione, aiutando entrambi i partner a vedere dove va il loro denaro e perché. Fornisce anche un quadro per prendere decisioni finanziarie informate, permettendo alla coppia di lavorare verso obiettivi comuni come risparmiare per una casa, finanziare l'istruzione dei figli, o pianificare viaggi e avventure.

Il budgeting congiunto può anche portare a una maggiore efficienza finanziaria. Con entrambi i partner attivamente coinvolti nella gestione del denaro, è più probabile che vengano identificate opportunità di risparmio, investimento e riduzione del debito.

In definitiva, il budgeting per le coppie non riguarda solo cifre e centesimi. Si tratta di costruire una storia finanziaria congiunta, fatta di sogni, obiettivi, compromessi e, soprattutto, comprensione reciproca. E come tutte le storie migliori, richiede ascolto, empatia e amore.

La dimensione emotiva del denaro nella vita di coppia è spesso sottovalutata. Molte decisioni finanziarie, anche se apparentemente basate sulla logica o sull'efficienza, sono profondamente intrecciate con le emozioni, le aspettative e i desideri. Per le coppie, questo intreccio diventa ancora più complesso, dato che ciascun partner ha le proprie esperienze, paure e speranze legate al denaro.

Il linguaggio del denaro nelle relazioni:

Il modo in cui parliamo di denaro con il nostro partner rivela spesso molte dinamiche sottostanti della relazione. Ad esempio, se un partner evita costantemente il discorso sul denaro o diventa defensivo quando l'argomento viene sollevato, potrebbe indicare problemi di fiducia o paure nascoste riguardanti la sicurezza finanziaria. D'altra parte, un partner che è troppo controllante o dominante nelle decisioni finanziarie potrebbe riflettere dinamiche di potere nella relazione.

La costruzione della fiducia finanziaria:

Una delle fondamenta di una relazione solida è la fiducia. Questa fiducia si estende anche alla sfera finanziaria. La fiducia finanziaria non riguarda solo il fatto che un partner non spererà i risparmi congiunti, ma anche la fiducia nel fatto che entrambi siano sulla stessa pagina riguardo alle priorità e agli obiettivi. La fiducia si costruisce con la trasparenza, l'apertura e la coerenza nelle decisioni e nelle azioni relative al denaro.

I valori, le priorità e il denaro:

Ogni individuo ha un insieme di valori che guidano le sue decisioni nella vita. Questi valori influenzano anche le nostre decisioni finanziarie. Ad esempio, un individuo che valuta molto la generosità potrebbe essere incline a donare di più in beneficenza, mentre qualcuno che valuta l'indipendenza potrebbe priorizzare il risparmio per garantire la sua autonomia finanziaria.

Quando due persone entrano in una relazione, questi valori possono a volte entrare in conflitto. Un partner potrebbe vedere il viaggio come un'espressione di avventura e crescita, spendendo di conseguenza, mentre l'altro potrebbe valorizzare la sicurezza e preferirebbe risparmiare quegli stessi soldi per un futuro imprevedibile. Riconoscere e rispettare questi valori fondamentali è cruciale per una gestione armoniosa delle finanze condivise.

L'arte del compromesso nel budgeting:

Come in ogni aspetto di una relazione, il budgeting congiunto richiederà compromessi. Ci saranno momenti in cui le priorità di un partner dovranno essere messe in secondo piano per sostenere le necessità o i desideri dell'altro. Questo compromesso, tuttavia, dovrebbe essere equilibrato nel tempo. Se un partner sente continuamente che le sue esigenze finanziarie vengono trascurate o minimizzate, potrebbero sorgere risentimenti.

L'importanza dell'autonomia finanziaria:

Mentre il budgeting congiunto è fondamentale per le coppie, è altrettanto importante mantenere una certa autonomia finanziaria. Questo non significa necessariamente mantenere conti bancari separati, ma piuttosto dare a ciascun partner lo spazio per prendere decisioni finanziarie che non richiedono sempre il consenso dell'altro. Questo senso di autonomia può aiutare a prevenire la sensazione di essere "controllati" o limitati dal budget congiunto.

Redefinire il successo finanziario:

Nel mondo di oggi, bombardato da messaggi pubblicitari e modelli di consumo, può essere facile cadere nella trappola di definire il successo in termini puramente materiali. Per le coppie, tuttavia, il vero successo finanziario potrebbe non essere una casa grande o una macchina di lusso, ma la capacità di vivere in armonia con le proprie finanze, sostenendosi a vicenda nei momenti difficili e celebrando insieme le vittorie.

Nel tessuto complesso delle relazioni, le finanze occupano un posto speciale. Si potrebbe dire che le decisioni finanziarie sono un riflesso tangibile dei valori, delle priorità e delle aspirazioni di una coppia. Quando queste decisioni sono prese insieme, con cura e attenzione, possono diventare un potente catalizzatore per il rafforzamento dei legami.

Le sfumature culturali del denaro:

Il nostro rapporto con il denaro è influenzato profondamente dalla cultura in cui siamo cresciuti. Le tradizioni, le credenze e le norme sociali giocano un ruolo significativo nella formazione delle nostre opinioni e comportamenti finanziari. In una relazione in cui i partner provengono da contesti culturali diversi, può emergere una vasta gamma di aspettative e approcci al denaro. Ad esempio, in alcune culture, potrebbe essere normale per i genitori fornire sostegno finanziario ai figli adulti, mentre in altre, l'indipendenza finanziaria potrebbe essere valorizzata sopra tutto. Riconoscere e rispettare queste differenze è essenziale per la gestione armoniosa delle finanze condivise.

Il denaro e la dinamica del potere:

Le finanze, in molte relazioni, possono influenzare le dinamiche di potere. Il partner che guadagna di più o ha maggiori risorse finanziarie potrebbe, anche involontariamente, esercitare un maggiore controllo nelle decisioni legate al denaro. Questa dinamica può portare a squilibri nella relazione, dove un partner potrebbe sentirsi meno valido o limitato nelle proprie scelte. E' fondamentale per le coppie riconoscere queste dinamiche e lavorare attivamente per assicurarsi che entrambi i partner si sentano ugualmente coinvolti e validati nelle decisioni finanziarie.

Il denaro come riflessione dell'autostima:

Per molti, la propria situazione finanziaria è strettamente legata al senso di autostima e valore. Le successi finanziari possono portare a sentimenti di competenza e sicurezza, mentre le sfide finanziarie possono portare a sentimenti di insufficienza o vergogna. In una relazione, è cruciale riconoscere che il denaro non definisce il valore o la competenza di un individuo. Celebrare le vittorie congiunte e offrire sostegno nei momenti di difficoltà può rafforzare il legame tra i partner.

L'educazione finanziaria come strumento di empowerment:

Molti problemi legati al denaro nelle relazioni derivano da una mancanza di comprensione o educazione finanziaria. Investire tempo nell'apprendimento di concetti finanziari di base, come il risparmio, l'investimento e la gestione del debito, può fornire alle coppie gli strumenti per prendere decisioni informate. L'educazione finanziaria non solo riduce lo stress e l'ansia legati al denaro, ma può anche aprire nuove possibilità e opportunità per la coppia.

Guardare al futuro:

Mentre è essenziale gestire le finanze presenti, le coppie dovrebbero anche dedicare tempo a discutere e pianificare il loro futuro finanziario. Che si tratti di pianificare la pensione, investire in proprietà o creare un fondo per l'istruzione dei figli, avere una visione condivisa del futuro può motivare le decisioni finanziarie di oggi. Questa visione condivisa può servire come bussola, guidando le scelte e le priorità finanziarie della coppia nel corso degli anni.

Il ruolo della flessibilità:

La vita è imprevedibile, e anche le migliori pianificazioni finanziarie possono essere sconvolte da eventi inaspettati, come perdite di lavoro, emergenze mediche o cambiamenti economici. In questi momenti, la flessibilità diventa fondamentale. Essere disposti a rivedere e adattare il budget congiunto in base alle nuove circostanze può aiutare a ridurre lo stress e a navigare insieme attraverso le sfide finanziarie.

L'interazione tra amore e denaro è una danza complessa, spesso intrecciata con le esperienze personali, le aspettative e le speranze di entrambi i partner. Mentre il denaro in sé è un mezzo, una risorsa tangibile, il suo significato e il suo valore possono variare ampiamente tra le persone e persino all'interno della stessa relazione nel corso del tempo.

La psicologia del denaro:

La nostra relazione con il denaro va oltre la pura matematica o la logica. È impregnata di emozioni, spesso radicate nelle nostre esperienze d'infanzia e nelle lezioni apprese dai nostri genitori o tutori. Un individuo cresciuto in una famiglia dove il denaro era scarso potrebbe sviluppare abitudini di risparmio estreme o, al contrario, potrebbe tendere a spendere in modo eccessivo come reazione a quella carenza. Comprendere questi meccanismi psicologici può aiutare le coppie a mostrare empatia e comprensione verso il partner, specialmente quando emergono disaccordi finanziari.

La comunicazione come chiave:

È facile sottovalutare quanto la comunicazione aperta e onesta possa influire sulla gestione del denaro in una relazione. I malintesi finanziari possono spesso essere prevenuti o risolti attraverso una comunicazione efficace. Ad esempio, se un partner decide di fare un grande acquisto, discuterne apertamente con l'altro partner può prevenire sentimenti di tradimento o frustrazione. Allo stesso modo, esprimere le proprie preoccupazioni o paure legate al denaro in un modo costruttivo può aprire la porta a soluzioni condivise e cooperative.

Definizione di obiettivi condivisi:

Mentre ogni individuo ha obiettivi e sogni personali, nella costruzione di una vita congiunta, è essenziale identificare e definire obiettivi condivisi. Questi possono variare da piccoli traguardi, come risparmiare per una vacanza, a obiettivi a lungo termine, come l'acquisto di una casa o la creazione di un fondo per la pensione. Avere obiettivi chiari e condivisi non solo fornisce una direzione, ma può anche servire come motivazione per mantenere la disciplina finanziaria.

I rischi della comparazione:

Viviamo nell'era dei social media, dove la vita delle persone viene spesso presentata attraverso un filtro di perfezione. Ciò può portare a comparazioni malsane, dove le coppie potrebbero sentirsi sotto pressione per mantenere uno stile di vita che vede sugli schermi. Questa pressione può portare a decisioni finanziarie avventate o al desiderio di "stare al passo". È fondamentale riconoscere questi rischi e ricordare che ogni coppia ha un percorso unico, e il vero successo non si misura attraverso beni materiali o vacanze esotiche, ma attraverso la felicità e la soddisfazione condivisa.

La resilienza finanziaria:

Ogni relazione attraverserà tempeste, alcune delle quali potrebbero avere impatti finanziari. Sia che si tratti di un imprevisto medico, di una recessione economica o di un errore finanziario, la capacità di una coppia di rimanere unita e navigare attraverso queste sfide è un test della loro resilienza. Questa resilienza non si costruisce solo attraverso la preparazione finanziaria, come avere un fondo d'emergenza, ma anche attraverso il supporto emotivo e la collaborazione per trovare soluzioni creative ai problemi.

La crescita congiunta:

La gestione del denaro in una coppia non è un percorso statico. Come le persone crescono e cambiano nel corso del tempo, anche la loro relazione con il denaro si evolve. Celebrare i traguardi raggiunti, apprendere dagli errori e continuare ad educarsi finanziariamente sono tutti passi verso una gestione del denaro sana e prospera nella relazione.

Concludendo, il budgeting per le coppie rappresenta molto di più che semplici numeri e bilanci. Si tratta di un viaggio condiviso che riflette profondamente le dinamiche, i valori e le aspirazioni di entrambi i partner.

Nella vastità di questo viaggio, le emozioni, le esperienze passate e le aspettative future giocano ruoli cruciali. Dalla comprensione delle proprie origini psicologiche e culturali riguardo al denaro, alla navigazione delle sfide contemporanee poste dalla società dei social media, ogni coppia deve trovare il suo percorso unico attraverso il labirinto delle finanze condivise. Questo percorso richiede una comunicazione aperta, una comprensione empatica e una visione condivisa dei traguardi futuri.

La chiave per una gestione finanziaria di successo in una coppia non risiede solo nella capacità di creare e aderire a un budget, ma anche nell'abilità di adattarsi alle curve impreviste della vita. L'importanza della resilienza finanziaria, sostenuta da un solido fondo d'emergenza e da una mentalità flessibile, non può essere sottolineata abbastanza. La resilienza, tuttavia, non deriva solo dalla preparazione finanziaria, ma anche dalla solidarietà della coppia, dalla loro capacità di sostenersi a vicenda attraverso tempi di prosperità e di difficoltà.

Infine, mentre la crescita individuale è essenziale, la crescita congiunta – sia finanziaria che emotiva – è la linfa vitale che nutre e rafforza una relazione. Apprendere dai propri errori, celebrare i successi, riadattare gli obiettivi e, soprattutto, ricordare che il vero valore risiede non nei beni materiali, ma nella qualità del tempo trascorso insieme, sono le pietre miliari di una gestione finanziaria sana per le coppie.

In definitiva, "Budgeting for Couples 101" non è solo un manuale su come gestire il denaro, ma un'ode alla collaborazione, all'amore e all'unità nel viaggio condiviso verso la sicurezza finanziaria e la realizzazione congiunta.

2. Comprendere le finanze individuali • Analisi delle finanze personali di ogni partner. • Identificazione di abitudini di spesa e obiettivi finanziari individuali.

Comprendere le finanze individuali

Prima di poter costruire un solido piano finanziario congiunto, è essenziale che ogni partner comprenda profondamente le proprie finanze individuali. Questa comprensione permetterà a entrambi i partner di avvicinarsi al budgeting congiunto con chiarezza, onestà e trasparenza, contribuendo a prevenire potenziali conflitti o incomprensioni.

Analisi delle finanze personali di ogni partner:

1. **Bilancio netto:** Una delle prime cose da fare è stilare un bilancio netto personale. Ciò comprende la registrazione di tutti gli attivi (come conti bancari, investimenti, proprietà immobiliari) e passivi (come debiti, prestiti, ipoteche). Questo fornirà una chiara immagine della salute finanziaria dell'individuo.

2. **Storia creditizia:** Oltre al bilancio netto, è essenziale che ogni partner conosca la propria storia creditizia. Questo comprende il proprio punteggio di credito, eventuali prestiti in sospeso

o altre informazioni che potrebbero influenzare le decisioni finanziarie future della coppia.

3. **Flusso di cassa:** Una revisione delle entrate e delle spese mensili fornisce una panoramica del flusso di cassa individuale. Questo aiuta a identificare dove va la maggior parte del denaro e dove potrebbero essere fatti dei tagli.

Identificazione di abitudini di spesa e obiettivi finanziari individuali:

1. **Habits Tracker:** Una revisione delle transazioni bancarie degli ultimi mesi può rivelare abitudini di spesa specifiche. Alcune persone potrebbero scoprire di spendere di più in ristoranti, mentre altre potrebbero notare un'alta spesa in shopping o intrattenimento. Identificare queste abitudini può aiutare a capire le priorità e i valori finanziari di ogni individuo.

2. **Aspirazioni e obiettivi:** Oltre alle abitudini di spesa correnti, è vitale discutere e identificare gli obiettivi finanziari individuali. Questo potrebbe includere risparmi per viaggi, avanzamento nella carriera, istruzione continua, investimenti o qualsiasi altro obiettivo personale legato al denaro.

3. **Valori e credenze finanziarie:** Ognuno di noi ha una filosofia finanziaria formata da esperienze personali, educazione e cultura. Questi valori possono influenzare decisioni come risparmiare, investire, dare in beneficenza o spendere. È essenziale identificare e condividere questi valori per garantire che entrambi i partner siano sulla stessa lunghezza d'onda.

Concludendo, comprendere le finanze individuali non è solo un esercizio numerico. Si tratta di un'indagine profonda sulle proprie abitudini, valori e obiettivi finanziari. Solo con una solida comprensione delle proprie finanze, una coppia può sperare di costruire un budget congiunto efficace e sostenibile. E mentre il denaro può essere un argomento delicato, avvicinarsi ad esso con apertura e onestà può solo rafforzare la fondazione della relazione.

Comprendere le finanze individuali di ogni partner si estende oltre la mera contabilità delle entrate e delle uscite. Entra nel regno della psicologia, delle esperienze passate, delle aspettative future e dei valori fondamentali che guidano ogni decisione finanziaria. Questa comprensione profonda è cruciale perché ogni individuo porta nella relazione un bagaglio unico di abitudini e credenze finanziarie, molte delle quali sono state formate durante l'infanzia o a seguito di esperienze significative.

Ad esempio, una persona che ha vissuto momenti di carenza economica in gioventù potrebbe avere una forte avversione al rischio quando si tratta di investimenti. Potrebbero preferire di tenere i loro risparmi in contanti o in conti di risparmio tradizionali, piuttosto che esplorare il mercato azionario o altre forme di investimento. D'altra parte, qualcuno che ha visto i genitori investire e prosperare potrebbe essere più incline a prendere rischi calcolati.

L'educazione finanziaria, o la mancanza di essa, può anche giocare un ruolo significativo. Un partner potrebbe non avere familiarità con concetti come tassi di interesse composti, diversificazione degli investimenti o benefici fiscali associati a determinati conti di risparmio. Questa mancanza di conoscenza può influenzare le decisioni finanziarie e potrebbe anche portare a sentimenti di insicurezza o inadeguatezza.

Le differenze culturali possono anche influire su come vediamo e gestiamo il denaro. In alcune culture, ad esempio, può essere comune per i genitori adulti sostenere economicamente i loro figli ben oltre l'età adulta, o viceversa, dove i figli adulti sono attesi di sostenere i loro genitori anziani. Queste aspettative culturali possono influenzare la gestione del denaro in una relazione, soprattutto se i partner provengono da sfondi diversi.

Inoltre, è fondamentale riconoscere l'importanza dei sogni e delle aspirazioni individuali. Mentre la coppia può avere obiettivi condivisi, come l'acquisto di una casa o la pianificazione di una famiglia, ogni individuo avrà anche sogni personali. Questi potrebbero includere viaggiare per il mondo, avviare una propria attività o perseguire una passione come l'arte o la scrittura. Comprendere e dare priorità a questi obiettivi individuali all'interno del quadro finanziario congiunto è cruciale per garantire che entrambi i partner si sentano valorizzati e compresi.

Infine, la trasparenza è fondamentale. Spesso, in una relazione, potrebbero emergere segreti finanziari come debiti nascosti, spese passate o decisioni finanziarie che uno dei partner potrebbe vergognarsi di ammettere. Creare un ambiente in cui entrambi i partner si sentano a proprio agio nel condividere apertamente queste informazioni, senza paura di giudizio, è essenziale per una gestione finanziaria sana e un rapporto di fiducia.

Quando parliamo di comprendere le finanze individuali, ci imbattiamo anche in un intricato intreccio di emozioni, traumi e speranze legati al denaro. Per molte persone, il denaro non è solo uno strumento di scambio ma un simbolo di sicurezza, potere, amore, autonomia o controllo. Questi significati profondamente radicati influenzano le decisioni quotidiane sul denaro e spesso emergono in modo sottile o manifesto nelle dinamiche di coppia.

Prendiamo, ad esempio, l'atto di regalare. In alcune famiglie o culture, donare regali costosi è visto come un segno di affetto e cura. Per altri, potrebbe rappresentare una forma di manipolazione o controllo. In una coppia, se un partner cresce con la prima convinzione e l'altro con la seconda, ci possono essere significative tensioni e incomprensioni quando si tratta di fare regali, specialmente in occasioni speciali.

Anche le esperienze di vita come la perdita di lavoro, una grave malattia o un fallimento d'impresa possono modellare profondamente come una persona percepisce e gestisce le proprie finanze. Qualcuno che ha attraversato un periodo di grave instabilità finanziaria potrebbe sviluppare comportamenti di accaparramento o diventare estremamente frugale, anche se la loro situazione finanziaria attuale non lo richiede. Al contrario, qualcuno che ha sempre vissuto in abbondanza potrebbe non avere le competenze necessarie per gestire una crisi finanziaria improvvisa.

I media e la società giocano anche un ruolo cruciale nella formazione delle nostre opinioni sul denaro. Viviamo in un'epoca in cui siamo costantemente bombardati da messaggi pubblicitari che legano la felicità e il successo all'acquisto di beni e servizi. Questa cultura del consumismo può spingere le persone a vivere al di sopra delle loro possibilità, accumulando debiti e tensioni finanziarie. Allo stesso tempo, ci sono movimenti come il minimalismo e FIRE (Financial Independence, Retire Early) che promuovono una vita di semplicità e di risparmio. Comprendere dove ci si colloca in questo spettro e come queste influenze esterne influenzano le decisioni finanziarie è fondamentale.

Inoltre, bisogna riflettere sul ruolo che il denaro gioca nella dinamica di potere di una relazione. In molte culture e società, colui che guadagna di più o controlla le finanze è visto come il decisore o colui che ha più potere nella relazione. Questa dinamica può portare a squilibri, risentimenti e tensioni all'interno della coppia.

Infine, è essenziale riconoscere che mentre alcune persone trovano conforto nel pianificare e monitorare ogni centesimo, altre potrebbero trovare la gestione del denaro opprimente o ansiosa. Questi stili finanziari differenti possono causare attriti se non vengono riconosciuti e gestiti. Ad esempio, un partner potrebbe godere della spontaneità degli acquisti impulsivi, mentre l'altro potrebbe aver bisogno di analizzare a fondo ogni spesa. Questi diversi approcci necessitano di empatia, comunicazione e compromessi per coesistere armoniosamente.

La profondità con cui ogni individuo interagisce con il denaro è spesso influenzata da una complessa rete di fattori, che vanno dalla genetica ai fattori ambientali. La ricerca ha dimostrato, ad esempio, che alcune persone potrebbero avere una predisposizione genetica all'essere risparmiatrici, mentre altre potrebbero essere naturalmente inclini a spendere di più. Sebbene l'ambiente e l'educazione giocano un ruolo cruciale nella modellazione delle abitudini finanziarie, la biologia può anche avere una voce in capitolo.

Un altro aspetto spesso trascurato è l'impatto delle amicizie e delle relazioni esterne alla coppia sulle abitudini finanziarie. Gli amici, i colleghi e i vicini di casa possono esercitare una pressione sociale, a volte sottile, a volte esplicita, sulle decisioni finanziarie. Ad esempio, appartenere a un gruppo che valuta le cene fuori, i viaggi costosi o l'ultima tecnologia può spingere un individuo a spendere di più, anche se ciò va contro i propri obiettivi finanziari personali o di coppia.

Le finanze individuali sono anche strettamente legate alla salute mentale. Problemi come la depressione, l'ansia o i disturbi dell'alimentazione possono manifestarsi attraverso comportamenti finanziari. Ad esempio, lo shopping compulsivo può essere un modo per gestire lo stress o le emozioni negative, mentre l'eccessiva frugalità può essere un segno di ansia o paura del futuro. Riconoscere e affrontare queste questioni è fondamentale per una gestione finanziaria sana.

Inoltre, il modo in cui ogni partner vede il futuro ha un impatto significativo sulla gestione del denaro. Mentre alcuni sono ottimisti e vedono il futuro con speranza, altri possono avere una visione più pessimistica, influenzata da esperienze personali o dal contesto mondiale. Queste prospettive possono influenzare decisioni come l'ammontare dei risparmi per la pensione, l'acquisto di assicurazioni o la predisposizione a investire in risorse a lungo termine.

Un altro punto cruciale riguarda la flessibilità finanziaria. Alcune persone vedono il denaro come uno strumento flessibile e sono disposte a fare cambiamenti rapidi in base alle circostanze. Altri, invece, potrebbero avere una visione più rigida del denaro, aderendo strettamente ai piani e evitando deviazioni. Questa rigidità o flessibilità può essere influenzata da una serie di fattori, tra cui l'educazione finanziaria, le esperienze passate o la tolleranza al rischio.

Infine, è importante riconoscere che, in molti casi, le persone non sono pienamente consapevoli delle proprie abitudini finanziarie. Molte decisioni relative al denaro sono prese su base emotiva o istintiva, piuttosto che attraverso una riflessione logica e ponderata. La presenza di pregiudizi cognitivi, come l'eccessiva fiducia nelle proprie capacità finanziarie o la tendenza a seguire la massa, può influenzare profondamente le decisioni finanziarie. E mentre queste inclinazioni possono essere profondamente radicate, la consapevolezza di esse è il primo passo per modellare abitudini finanziarie più sane e deliberate.

Concludendo, la comprensione delle finanze individuali va ben oltre il semplice esame dei conti bancari e delle spese mensili. Si tratta di un'immersione profonda nell'intersezione tra psicologia, storia personale, influenze culturali, aspirazioni e molto altro.

Ogni individuo porta con sé un insieme unico di credenze e abitudini finanziarie formate da una miriade di esperienze. Queste esperienze possono derivare da eventi formativi durante l'infanzia, da lezioni apprese attraverso successi e fallimenti finanziari o dalle influenze ambientali di amici, familiari e società. Queste credenze, a loro volta, guidano ogni decisione, grande o piccola, legata al denaro.

La salute mentale, i valori culturali, le predisposizioni genetiche e gli ideali personali giocano un ruolo significativo nel modellare la nostra relazione con il denaro. Le pressioni esterne, come le aspettative sociali e i media, possono anche esercitare un'influenza, spesso subconscia, su come vediamo e gestiamo le nostre finanze.

All'interno di una relazione, queste complessità possono dare origine a tensioni, incomprensioni e conflitti se non vengono riconosciute e affrontate. La chiave per gestire con successo le finanze in una coppia, quindi, non si limita a creare un budget congiunto o a stabilire obiettivi di risparmio. Riguarda la costruzione di un'efficace comunicazione, l'empatia e la comprensione reciproca per arrivare al cuore delle credenze e delle abitudini finanziarie di ogni individuo.

Affrontare queste questioni può richiedere tempo, pazienza e, in alcuni casi, l'intervento di consulenti o terapeuti finanziari. Tuttavia, investire in questo processo non solo rafforzerà la salute finanziaria della coppia, ma anche la sua connessione emotiva e la comprensione reciproca, creando una fondamenta solida per il futuro congiunto.

3. La comunicazione nella gestione del denaro •
Tecniche per parlare di soldi senza litigare. •
L'importanza dell'ascolto attivo e della comprensione.

La comunicazione nella gestione del denaro è una delle
sfide più comuni tra le coppie. La discussione sul
denaro può facilmente diventare carica di emozioni,
poiché le finanze sono spesso legate a questioni più
profonde di sicurezza, controllo, autonomia e valore
personale. Ecco un'analisi approfondita di questo
aspetto:

Tecniche per parlare di soldi senza litigare:

1. **Stabilire un Ambiente Neutro**: Invece di
   affrontare le questioni finanziarie in momenti di
   stress o quando uno dei partner è stanco o
   irritato, scegliete un momento in cui entrambi
   siete rilassati. Potreste persino fissare degli
   "appuntamenti finanziari" regolari per parlare
   del budget e delle spese.

2. **Utilizzare un Linguaggio Positivo**: Invece di
   usare termini accusatori come "tu sempre" o "tu
   mai", esprimi le tue preoccupazioni usando "io" e
   descrivi come ti senti. Ad esempio, "Mi
   preoccupo quando vedo che le spese mensili
   superano il nostro budget".

3. **Evitare di Punteggiare**: La colpa è un terreno scivoloso. Concentrarsi su soluzioni costruttive piuttosto che puntare il dito aiuta a mantenere la conversazione produttiva.

4. **Stabilire Priorità Comuni**: Identificare e accordarsi su obiettivi finanziari comuni può fornire una guida chiara e unire la coppia. Che si tratti di risparmiare per una casa, per le vacanze o per la pensione, avere obiettivi condivisi può ridurre i conflitti.

L'importanza dell'ascolto attivo e della comprensione:

1. **Presenza Completa**: L'ascolto attivo significa essere completamente presenti nella conversazione, senza distrarsi con pensieri esterni o preparare mentalmente una risposta. Questo tipo di ascolto permette di catturare non solo le parole dell'altro, ma anche le emozioni e le preoccupazioni sottostanti.

2. **Chiedere Chiarimenti**: Se non sei sicuro di aver compreso pienamente il punto di vista del tuo partner, chiedi chiarimenti. Questo dimostra che ti importa davvero di comprendere il suo punto di vista.

3. **Evitare Interruzioni**: Lasciare che il partner finisca di parlare prima di rispondere.

Interrompere può mandare il messaggio che ciò che stai dicendo è più importante di ciò che sta dicendo l'altro, alimentando tensioni e malintesi.

4. **Riflettere e Validare**: Dopo aver ascoltato, rifletti su ciò che il tuo partner ha detto e valida i suoi sentimenti. Ad esempio: "Capisco che ti senti preoccupato per le nostre spese. Anch'io voglio che troviamo una soluzione".

In sintesi, la comunicazione sul denaro tra partner richiede un'attenzione particolare. Poiché le questioni finanziarie possono toccare vulnerabilità e paure profonde, è fondamentale approcciarsi alla discussione con empatia, rispetto e apertura. Utilizzando tecniche di comunicazione efficaci e promuovendo un ascolto attivo, le coppie possono navigare con successo nelle complesse acque delle finanze condivise, rafforzando la loro relazione nel processo.

La comunicazione finanziaria all'interno delle coppie spesso svela le dinamiche di potere e le insicuranze che possono non essere evidenti in altre aree della relazione. Il denaro, infatti, non è solo una moneta di scambio; è un simbolo di sicurezza, potere, successo, controllo e molte altre cose. Queste profonde connotazioni emotive rendono la discussione sul denaro particolarmente delicata.

Il background culturale e familiare gioca un ruolo significativo nelle nostre percezioni e comportamenti finanziari. Ad esempio, un partner cresciuto in una famiglia dove il denaro era sempre scarso potrebbe avere una visione del denaro fortemente legata alla sicurezza e, di conseguenza, potrebbe essere estremamente cauto nelle spese. D'altro canto, qualcuno che è cresciuto in abbondanza potrebbe vedere il denaro come un mezzo per godersi la vita e potrebbe non esitare a spendere per esperienze o beni di lusso. Questi diversi background possono portare a visioni apparentemente incompatibili del denaro, ma riconoscere e rispettare le esperienze passate di ciascun partner è essenziale per una comunicazione efficace.

Molte coppie fanno l'errore di pensare che il loro partner veda il denaro nello stesso modo in cui lo fanno loro. Questo presupposto può portare a incomprensioni e frustrazioni. Ad esempio, un gesto come comprare un regalo costoso potrebbe essere visto da un partner come un segno d'amore e generosità, mentre l'altro potrebbe percepirlo come una spesa frivola e irresponsabile.

Gli strumenti di comunicazione, come la "finestra di Johari", possono essere utilizzati per esplorare e condividere le proprie percezioni e sentimenti legati al denaro. Questa finestra, suddivisa in quattro quadranti, rappresenta ciò che sappiamo di noi stessi e ciò che gli altri sanno di noi. Attraverso discussioni aperte e oneste, le coppie possono rivelare aspetti delle loro credenze finanziarie che potrebbero essere stati precedentemente nascosti, contribuendo a una maggiore comprensione reciproca.

Un altro aspetto spesso trascurato nella comunicazione finanziaria è l'equilibrio tra indipendenza e condivisione. Mentre alcune coppie potrebbero optare per conti bancari completamente condivisi, altre potrebbero mantenere conti separati per le spese personali. Trovare l'equilibrio giusto richiede una discussione aperta sulle aspettative e sui limiti di ciascun partner. Ciò che funziona per una coppia potrebbe non funzionare per un'altra, e il "giusto" equilibrio può cambiare nel tempo a seconda delle circostanze e delle esigenze della relazione.

Infine, è essenziale riconoscere che la comunicazione finanziaria non è un evento isolato, ma un processo in continua evoluzione. Man mano che le circostanze cambiano, che si tratti di nuovi impegni finanziari come l'acquisto di una casa o l'arrivo di un figlio, o di cambiamenti nella situazione lavorativa, le coppie devono essere pronte a tornare al tavolo delle trattative, ad ascoltare e a rinegoziare gli accordi.

La comunicazione finanziaria nelle relazioni spesso funge da termometro del livello di fiducia e apertura tra i partner. La capacità di parlare apertamente di denaro può anche riflettere la capacità di affrontare altre questioni delicate nella relazione.

La **trasparenza** è fondamentale. Molte coppie evitano di discutere le proprie finanze per paura di scoprire debiti nascosti o spese non autorizzate. Ma evitare queste discussioni può solo portare a maggiore risentimento e incomprensione nel tempo. E' cruciale stabilire da subito una base di sincerità completa in modo che entrambi i partner sappiano esattamente dove si trovano finanziariamente.

La **formazione finanziaria** può anche svolgere un ruolo fondamentale nel migliorare la comunicazione. Non tutti hanno avuto l'opportunità di imparare i fondamentali della gestione del denaro o della pianificazione finanziaria. Investire tempo nella formazione insieme può non solo migliorare la gestione finanziaria, ma anche la comunicazione. Potrebbe trattarsi di frequentare un corso online, leggere un libro, o consultare un consulente finanziario. Imparare insieme può contribuire a colmare eventuali divari di conoscenza e creare un linguaggio comune per discutere delle finanze.

La **gestione delle aspettative** è un altro elemento chiave. Ogni persona entra in una relazione con le proprie aspettative su come dovrebbero essere gestite le finanze. Queste aspettative possono basarsi su come sono state gestite le finanze nella propria famiglia d'origine o su convinzioni personali sviluppate nel tempo. Riconoscere e condividere queste aspettative può aiutare a prevenire malintesi e conflitti.

Inoltre, le coppie dovrebbero considerare l'adozione di **strumenti e applicazioni** che facilitino la gestione e la comunicazione delle finanze. Esistono numerose applicazioni che permettono alle coppie di tracciare spese congiunte, stabilire budget e monitorare obiettivi di risparmio. Questi strumenti possono aiutare a rendere la gestione delle finanze un'attività condivisa, piuttosto che una fonte di tensione.

Un altro aspetto da considerare è l'**interazione tra denaro e intimità**. Per alcune persone, spendere denaro per il partner o per la famiglia è un modo di esprimere amore e cura. Per altri, avere la libertà di spendere senza doversi giustificare è una questione di indipendenza e autonomia. Comprendere come ciascun partner vede il legame tra denaro e intimità può aiutare a evitare malintesi e a costruire una relazione finanziaria più armoniosa.

Infine, è importante notare che la comunicazione finanziaria non è solo una questione di numeri. È anche una questione di **valori, sogni, paure e aspirazioni**. Quando le coppie riescono a collegare le loro discussioni finanziarie a questi temi più profondi, possono trovare un terreno comune e costruire un futuro finanziario congiunto che rispecchia veramente ciò che entrambi desiderano dalla vita.

Un altro aspetto importante della comunicazione finanziaria nelle relazioni è la **consapevolezza emotiva**. Molte persone hanno legami emotivi con il denaro che risalgono alla loro infanzia o ad esperienze passate. Ad esempio, qualcuno che ha vissuto la povertà potrebbe avere paure profonde legate alla sicurezza finanziaria, mentre un altro che ha visto i genitori litigare costantemente per il denaro potrebbe evitare tali discussioni a tutti i costi. Questi legami emotivi possono influenzare profondamente le reazioni e le decisioni finanziarie, spesso in modi che non sono immediatamente ovvi o logici.

Per navigare con successo questi territori emotivamente carichi, è essenziale praticare **l'empatia e la comprensione reciproca**. Questo significa fare uno sforzo per capire da dove viene il proprio partner, quali esperienze hanno plasmato le sue convinzioni sul denaro e come questi fattori influenzano le sue decisioni. Significa anche essere disposti a condividere le proprie vulnerabilità e paure, e a lavorare insieme per trovare soluzioni che rispettino le esigenze e i desideri di entrambi.

La **flessibilità** è un altro fattore chiave. Come in tutte le aree di una relazione, è improbabile che le coppie siano sempre d'accordo su ogni singola questione finanziaria. Piuttosto che cercare di "vincere" ogni discussione, è più produttivo cercare compromessi che entrambi possono accettare. Ciò potrebbe significare rinegoziare il budget, ripensare gli obiettivi di risparmio o cercare nuove strategie per gestire le spese.

Inoltre, è importante tenere presente che la situazione finanziaria di una coppia e le sue priorità possono cambiare nel corso del tempo. Ciò che funziona all'inizio di una relazione potrebbe non essere adatto cinque o dieci anni dopo. Ad esempio, la nascita di un figlio, un cambiamento di carriera o l'acquisto di una casa possono tutti portare nuove sfide e opportunità finanziarie. Le coppie che rimangono **adattabili** e sono disposte a rivedere e aggiornare le loro strategie finanziarie in risposta a queste evoluzioni avranno maggiori probabilità di successo a lungo termine.

Un altro suggerimento è **celebrare i successi finanziari insieme**. Che si tratti di pagare un debito, raggiungere un obiettivo di risparmio o fare un investimento fruttuoso, prendersi un momento per riconoscere e gioire dei successi può rafforzare il legame di una coppia e motivarla a perseguire ulteriori obiettivi finanziari.

Infine, è utile ricordare che, mentre il denaro è un aspetto importante della vita, non è l'unico. Le coppie devono equilibrare le loro discussioni finanziarie con altre conversazioni sulla loro relazione, i loro sogni, i loro valori e le loro esperienze. Integrare la conversazione finanziaria nel contesto più ampio della relazione può aiutare a ridurre lo stress e a mantenere una prospettiva equilibrata.

4. L'importanza dell'onestà finanziaria • Condividere debiti, obbligazioni e altre passività. • Rischi dell'occultamento finanziario.

L'onestà finanziaria è una delle colonne portanti di una relazione sana e di successo. Mentre le coppie potrebbero pensare che siano le grandi spese a causare problemi, spesso sono i piccoli segreti che possono erodere la fiducia. Analizziamo più dettagliatamente l'importanza dell'onestà finanziaria e le sue ramificazioni.

Condivisione di debiti, obbligazioni e altre passività: Le finanze personali possono essere complicate e molte persone entrano in una relazione con debiti o altre passività. Questi possono includere prestiti studenteschi, debiti di carte di credito, obbligazioni personali con amici o familiari, mutui e altre forme di indebitamento.

1. **Stabilire una base solida**: Condividere apertamente queste informazioni all'inizio di una relazione, o quando si decide di integrare le finanze, può aiutare a stabilire una base di fiducia. Questa apertura dimostra che entrambi i partner sono pronti a essere vulnerabili e a lavorare insieme per affrontare qualsiasi sfida finanziaria.

2. **Pianificazione finanziaria**: Conoscere tutte le passività consente ad una coppia di pianificare adeguatamente. Ad esempio, se uno dei partner ha un debito significativo, la coppia potrebbe decidere di priorizzare il pagamento di quel debito prima di intraprendere grandi spese o investimenti.

Rischi dell'occultamento finanziario:

L'occultamento finanziario, spesso definito "infedeltà finanziaria", si verifica quando una persona nasconde deliberatamente spese, debiti, acquisti o qualsiasi informazione finanziaria al proprio partner.

1. **Erosione della fiducia**: La fiducia è facilmente erosa e difficile da ricostruire. Una volta che un partner scopre che l'altro ha nascosto informazioni finanziarie, potrebbe cominciare a chiedersi cosa altro viene nascosto nella relazione.

2. **Impatto sulla salute finanziaria**: Non essere a conoscenza della situazione finanziaria complessiva può avere effetti devastanti. Ad esempio, se uno dei partner accumula debiti in segreto, potrebbe mettere a rischio la solvibilità finanziaria della coppia o influenzare negativamente il loro punteggio di credito.

3. **Tensioni emotive**: Oltre alle tensioni finanziarie, l'occultamento può causare problemi

emotivi e stress nella relazione. Il partner che nasconde le informazioni potrebbe vivere con la costante paura di essere scoperto, mentre l'altro potrebbe sentirsi tradito o deluso quando viene a conoscenza della verità.

4. **Decisioni basate su informazioni incomplete**: Prendere decisioni finanziarie senza avere un quadro completo della situazione può portare a scelte non ottimali. Ad esempio, una coppia potrebbe decidere di acquistare una casa, non rendendosi conto che uno dei partner ha un debito significativo che potrebbe influenzare la loro capacità di ottenere un mutuo.

In sintesi, l'onestà finanziaria è essenziale per mantenere la fiducia, la salute finanziaria e l'armonia in una relazione. L'occultamento finanziario, d'altra parte, può portare a problemi sia finanziari che emotivi. Per le coppie, la chiave è la comunicazione aperta, la comprensione e la collaborazione nella gestione delle finanze.

L'onestà finanziaria non riguarda solo la divulgazione di debiti o spese; ha radici profonde nel modo in cui percepiamo e gestiamo il denaro nelle relazioni e in come queste percezioni influenzano la nostra interazione con il partner.

Valori e credenze sul denaro: Le persone crescono con diversi valori e credenze sul denaro, spesso derivanti dalle esperienze infantili e dagli atteggiamenti dei genitori verso le finanze. Questi valori intrinseci influenzano il modo in cui gestiamo il denaro da adulti. Per esempio, se una persona è cresciuta in un ambiente dove il denaro era sempre scarseggiante, potrebbe avere tendenza a risparmiare compulsivamente o, al contrario, a spendere impulsivamente come forma di compensazione. Condividere questi valori e comprenderli può aiutare a spiegare certi comportamenti finanziari e a sviluppare un maggiore livello di comprensione tra i partner.

Implicazioni nella vita quotidiana: L'onestà finanziaria si manifesta in molti modi nella vita quotidiana. Può trattarsi di discutere apertamente se utilizzare una carta di credito per un acquisto, o se prelevare denaro dai risparmi. Può anche riguardare la decisione di discutere le promozioni sul lavoro, gli aumenti salariali o le decisioni di investimento. Quando c'è onestà, queste decisioni diventano collaborative piuttosto che unilaterali.

La percezione del rischio: Le persone hanno diverse tolleranze al rischio, e ciò influisce sulle decisioni finanziarie. Mentre un partner potrebbe essere avventuroso, volendo investire in azioni o avviare un'attività, l'altro potrebbe preferire metodi di investimento più sicuri, come obbligazioni o conti di risparmio. Comprendere e rispettare queste differenze è essenziale. Nascondere o non comunicare le proprie decisioni di investimento può portare a conflitti e malintesi.

Impatto sulla pianificazione a lungo termine: Se i partner non sono onesti riguardo alle loro finanze attuali, diventa difficile fare piani accurati per il futuro. Questo vale per l'acquisto di beni come case o auto, la pianificazione della pensione, le vacanze o anche la decisione di avere figli. Una base di sincerità permette di costruire piani solidi e realistici.

Gestione delle emergenze: Nessuno può prevedere il futuro, e ci sono momenti in cui le emergenze finanziarie si presentano, come perdere un lavoro, avere spese mediche inaspettate o dover sostenere un familiare. Se i partner non sono stati onesti sulle loro finanze, potrebbero trovarsi impreparati per queste emergenze. D'altro canto, se sono consapevoli della loro situazione finanziaria complessiva, possono mettere da parte risorse o avere un piano di backup.

Influenze esterne: Amici, familiari e perfino i media possono influenzare le nostre decisioni finanziarie. Può essere tentante fare grandi acquisti o investimenti basati su ciò che vediamo o sentiamo dagli altri. Tuttavia, senza una discussione aperta e onesta con il partner, queste decisioni possono portare a tensioni.

In generale, l'onestà finanziaria va al di là della semplice divulgazione delle cifre; è un approccio integrato alla gestione delle finanze in una relazione che richiede comprensione, empatia e collaborazione.

L'onestà finanziaria, come abbiamo esplorato, ha molteplici sfaccettature che si intrecciano nella tessitura complessa delle relazioni interpersonali. Continuando ad esplorare questo tema, vediamo ulteriori dimensioni e impatti.

La psicologia dell'onestà finanziaria: Alla base delle questioni finanziarie ci sono spesso profonde convinzioni psicologiche. L'approccio di una persona al denaro potrebbe derivare dalla sua autostima, dal bisogno di controllo o dalla ricerca di sicurezza. Ad esempio, un individuo che nasconde acquisti potrebbe farlo perché comprare gli conferisce una sensazione di controllo in un mondo altrimenti caotico. Oppure, potrebbe nascondere debiti per paura di apparire fallimentare agli occhi del partner. Comprendere questi sottotesti psicologici può aiutare a navigare le acque turbolente dell'onestà finanziaria con maggiore empatia.

L'onestà finanziaria e le generazioni: Le opinioni e le abitudini riguardo al denaro possono variare notevolmente tra le generazioni. Mentre i baby boomer potrebbero valorizzare il risparmio e la frugalità, avendo vissuto periodi economici difficili, le generazioni più giovani, cresciute nell'era digitale, potrebbero avere un approccio più rilassato verso le spese, con un'attenzione particolare alle esperienze piuttosto che ai beni materiali. Queste differenze generazionali possono portare a disallineamenti nella comunicazione finanziaria all'interno delle coppie con una significativa differenza d'età.

Cultura e onestà finanziaria: Le nostre culture di origine influenzano profondamente la nostra relazione con il denaro. In alcune culture, parlare apertamente di denaro potrebbe essere considerato tabù o sgradevole. In altre, potrebbe esserci un'enfasi maggiore sulla responsabilità finanziaria verso la famiglia allargata. Queste influenze culturali possono sfidare l'onestà finanziaria in una coppia interculturale, richiedendo una comunicazione ancora più attenta e comprensiva.

Gli strumenti per mantenere l'onestà: In un'era digitale, esistono molteplici strumenti e applicazioni che possono aiutare le coppie a monitorare e gestire le loro finanze con trasparenza. Utilizzando app di budgeting condivise o software di gestione finanziaria, le coppie possono avere una visione chiara delle loro finanze in tempo reale. Questa trasparenza può ridurre la tentazione di nascondere spese o debiti e promuovere una mentalità di "squadra" nella gestione delle finanze.

L'onestà finanziaria e la crescita personale: Affrontare questioni finanziarie, specialmente se coinvolgono disonestà passata, può essere una preziosa opportunità di crescita personale. Riconoscere e correggere comportamenti finanziari problematici richiede introspezione, responsabilità e la volontà di cambiare. Attraverso questo processo, gli individui possono non solo migliorare la loro salute finanziaria, ma anche diventare più autentici e presenti nelle loro relazioni.

Dall'educare se stessi sulle proprie convinzioni finanziarie all'utilizzo della tecnologia per facilitare la trasparenza, l'onestà finanziaria è una pratica continua che richiede dedizione e impegno da parte di entrambi i partner. E mentre ci sono molte sfaccettature da considerare, al centro di tutto ciò c'è una semplice verità: la fiducia e la comunicazione sono la chiave per una gestione finanziaria di successo in una relazione.

Mentre l'onestà finanziaria è al centro di una gestione salutare delle finanze di coppia, ci sono ulteriori sfumature e dettagli che possono illuminare ancor più questa tematica.

Implicazioni legali dell'occultamento finanziario: Le questioni di onestà finanziaria non sono solo moralmente importanti, ma possono avere implicazioni legali, soprattutto in caso di separazione o divorzio. In molte giurisdizioni, nascondere attività o debiti durante tali procedure può portare a sanzioni legali, divisioni patrimoniali inique o altre conseguenze.

Relazioni passate e onestà finanziaria: Le esperienze finanziarie nelle relazioni passate possono influenzare profondamente come ci avviciniamo all'onestà nelle relazioni attuali. Ad esempio, qualcuno che è stato tradito finanziariamente in passato potrebbe avere difficoltà a fidarsi nuovamente o potrebbe andare all'estremo opposto, diventando eccessivamente trasparente al punto di condividere ogni piccola spesa.

Educazione finanziaria: La mancanza di educazione finanziaria può essere una radice dell'occultamento finanziario. Se una persona non comprende appieno le proprie finanze o si sente sopraffatta dalla gestione del denaro, potrebbe evitare di affrontare la questione o nascondere i problemi per paura di giudizio. Promuovere l'educazione finanziaria all'interno della coppia può aiutare entrambi i partner a sentirsi più sicuri e competenti nelle loro decisioni finanziarie.

L'equilibrio tra indipendenza e condivisione: Mentre l'onestà è cruciale, ciò non significa che ogni coppia debba condividere completamente tutte le finanze. Alcune coppie scelgono di mantenere conti separati oltre a un conto condiviso per le spese congiunte. Questo può permettere a ciascun partner di mantenere una certa autonomia finanziaria mentre condivide le principali responsabilità finanziarie.

La salute mentale e l'onestà finanziaria: Ci sono condizioni di salute mentale, come disturbi d'ansia, depressione o disturbi dell'impulso, che possono influenzare la gestione del denaro e la trasparenza in materia. Comprendere le sfide di salute mentale di un partner e come queste possono influenzare le decisioni finanziarie è fondamentale per creare un ambiente di sostegno e comprensione.

Supporto esterno e consulenza: Nelle situazioni in cui l'onestà finanziaria è stata compromessa o dove esistono conflitti persistenti sul denaro, potrebbe essere utile cercare il supporto di consulenti finanziari o terapeuti specializzati in questioni finanziarie di coppia. Questi professionisti possono offrire una prospettiva esterna, fornire strumenti e strategie per migliorare la comunicazione finanziaria e aiutare le coppie a ricostruire la fiducia.

Le spese "fantasma": Piccole spese che possono sommarsi nel tempo e non vengono regolarmente discusse possono diventare spese "fantasma". Queste spese, seppur piccole, possono accumularsi e creare tensioni se non vengono affrontate apertamente.

L'onestà finanziaria, come si può vedere, è un campo complesso e sfaccettato, che si intreccia con molti aspetti della vita di coppia. Dalla comprensione di background personali alla navigazione attraverso sfide contemporanee, mantenere una comunicazione aperta e onesta sul denaro è un percorso continuo di apprendimento e adattamento.

L'onestà finanziaria, una pietra miliare nella salute di ogni relazione, non è semplicemente una pratica di trasparenza, ma un impegno profondo verso la comprensione reciproca, la fiducia e una crescita condivisa. Questo impegno, tuttavia, non è privo di sfide.

La complessità di mescolare denaro e amore deriva da molti fattori: le storie personali, le influenze culturali e generazionali, le convinzioni profonde e i comportamenti appresi. Come abbiamo visto, nascondere debiti, spese o attività non è solo una questione di mancanza di trasparenza, ma può anche essere un sintomo di insicurezze profonde, paure di giudizio o traumi finanziari passati. Allo stesso modo, essere eccessivamente dominanti o controllanti nelle finanze condivise può derivare da precedenti esperienze di tradimento o dal desiderio di proteggere il partner da decisioni finanziarie avventate.

La chiave per superare queste sfide è la comunicazione. Non solo una comunicazione reattiva, dove si affrontano i problemi quando emergono, ma una comunicazione proattiva, dove entrambi i partner si impegnano in discussioni regolari sulle loro finanze, aspirazioni e paure. Questo crea un ambiente in cui la vulnerabilità finanziaria diventa un'opportunità per costruire fiducia piuttosto che una fonte di conflitto.

Inoltre, l'educazione è un potente alleato. L'alfabetizzazione finanziaria – comprendere come funzionano le finanze, come pianificare per il futuro e come navigare nelle complesse decisioni finanziarie – non solo aiuta le coppie a prendere decisioni informate, ma riduce anche l'ansia e la tensione che possono circondare le questioni monetarie. E quando le sfide diventano troppo grandi, ricorrere a professionisti esterni, come consulenti finanziari o terapeuti di coppia, può offrire una prospettiva fresca e imparziale.

In conclusione, l'onestà finanziaria va oltre il semplice fatto di mostrare i propri conti bancari o condividere le spese. È un viaggio di comprensione reciproca, di

crescita congiunta e di impegno per costruire una base
solida non solo per la propria sicurezza finanziaria, ma
anche per la forza e la longevità della propria relazione.
E come qualsiasi viaggio, ci saranno inevitabilmente
alti e bassi, ma con fiducia, comunicazione e supporto
reciproco, le coppie possono navigare con successo nel
paesaggio finanziario insieme.

5. Creare un budget congiunto • Identificare le spese
fisse e variabili. • Allocazione delle risorse per risparmi
e investimenti.

Creare un budget congiunto è un passo fondamentale
nella gestione finanziaria di coppia. Questo processo
coinvolge l'analisi delle entrate e delle uscite congiunte,
garantendo che le esigenze e gli obiettivi di entrambi i
partner siano considerati e rispettati. Ecco una
panoramica dettagliata di questo processo:

Identificare le spese fisse e variabili:

1. **Definizione:** Le spese fisse sono quelle spese
   che rimangono costanti da un mese all'altro,
   come l'affitto o il mutuo, assicurazioni,
   abbonamenti e rate di prestiti. Le spese variabili,
   d'altra parte, possono cambiare di mese in mese,
   come cibo, svago, abbigliamento e viaggi.

2. **Registro delle spese:** Prima di stabilire un budget, è utile tenere un registro di tutte le spese per almeno un mese. Questo aiuta a comprendere dove va il denaro e identificare eventuali aree in cui è possibile risparmiare.

3. **Priorità:** Una volta che avete un'idea chiara delle vostre spese, potete stabilire le priorità. Alcune spese fisse potrebbero essere non negoziabili, mentre alcune spese variabili potrebbero essere ridotte o eliminate per fare spazio ad altre priorità.

Allocazione delle risorse per risparmi e investimenti:

1. **Fondo di emergenza:** Prima di considerare investimenti o risparmi per obiettivi a lungo termine, è essenziale avere un fondo di emergenza. Questo dovrebbe coprire 3-6 mesi di spese essenziali e può aiutare in caso di eventi inaspettati come la perdita di un lavoro o una spesa medica imprevista.

2. **Risparmi a breve termine:** Dopo aver stabilito un fondo di emergenza, concentratevi sugli obiettivi a breve termine, come le vacanze, gli acquisti importanti o i miglioramenti domestici. Determinate quanto avete bisogno di risparmiare e in quanto tempo, e poi lavorate

all'indietro per stabilire quanto mettere da parte ogni mese.

3. **Investimenti a lungo termine:** Guardate al futuro e considerate i vostri obiettivi a lungo termine, come l'acquisto di una casa, l'educazione dei figli o la pensione. Esplorate le opzioni di investimento disponibili, come fondi comuni, azioni, obbligazioni o immobili. Se non siete sicuri di dove iniziare, potrebbe essere utile consultare un consulente finanziario.

4. **Revisione e aggiustamenti:** Le circostanze cambiano, quindi è essenziale rivedere regolarmente il vostro budget congiunto. Forse uno di voi ha ricevuto un aumento di stipendio, o c'è una nuova spesa fissa da considerare. Adattate il vostro budget di conseguenza e assicuratevi di comunicare apertamente qualsiasi cambiamento o preoccupazione.

Creare un budget congiunto richiede impegno e comunicazione da entrambe le parti. È un'opportunità per lavorare insieme verso obiettivi finanziari condivisi e per garantire che entrambi i partner si sentano ascoltati e rispettati nelle loro esigenze e desideri finanziari. Con pianificazione e collaborazione, le coppie possono costruire un futuro finanziario solido insieme.

Approccio Collaborativo al Budgeting:

È essenziale che entrambi i partner siano attivamente coinvolti nel processo di budgeting. Questo non solo assicura che entrambe le parti siano sulla stessa lunghezza d'onda in termini di obiettivi e priorità, ma rafforza anche il senso di appartenenza e responsabilità condivise. Per alcune coppie, ciò potrebbe significare sedersi insieme una volta al mese per rivedere le finanze, mentre per altre potrebbe essere un check-in settimanale.

Strumenti e Risorse:

Con l'avvento della tecnologia, ci sono molti strumenti e applicazioni disponibili che possono aiutare le coppie a gestire e monitorare le loro finanze. Applicazioni come YNAB (You Need A Budget) o Mint offrono soluzioni di budgeting che possono collegarsi ai conti bancari, tracciare le spese e aiutare a stabilire obiettivi di risparmio. L'utilizzo di tali strumenti può semplificare il processo e fornire una visione chiara della salute finanziaria della coppia.

Budgeting Basato sugli Valori:

Ogni individuo ha valori e priorità che guidano le loro decisioni finanziarie. Per alcune coppie, viaggiare potrebbe essere una priorità, mentre per altre potrebbe essere l'istruzione o l'acquisto di una casa. Creare un budget basato sui valori significa allocare risorse finanziarie in modo che rispecchino ciò che è veramente importante per la coppia. Ciò potrebbe richiedere delle discussioni approfondite per allineare o compromettere i valori individuali, ma può anche portare a decisioni finanziarie più soddisfacenti e intenzionali.

Sfide nel Budget Congiunto:

Mentre il budgeting congiunto ha molti vantaggi, non è senza le sue sfide. Ad esempio, se un partner guadagna significativamente di più dell'altro, potrebbe emergere la questione di come distribuire equamente le spese. Oppure, se un partner ha debiti significativi, come prestiti studenteschi o debiti di carta di credito, ciò potrebbe influenzare la capacità della coppia di risparmiare o investire per il futuro.

Flessibilità nel Processo:

La realtà della gestione finanziaria è che le cose cambiano. Può esserci un'imprevista spesa medica, una perdita di lavoro o una crisi economica. La chiave è la flessibilità. Mentre un budget serve come una guida, è essenziale che le coppie siano pronte ad adattarsi alle nuove circostanze e a rivedere e aggiustare il loro budget di conseguenza.

Incorporare il Divertimento:

Infine, mentre la responsabilità finanziaria è essenziale, è anche cruciale che le coppie incorporino il divertimento nel loro budget. Che si tratti di cenare fuori, di viaggiare o di altre attività ricreative, assicurarsi di avere una voce di bilancio per il divertimento può aiutare a bilanciare la disciplina finanziaria con il godimento della vita.

La Dinamica dei Ruoli nel Budgeting:

Nella gestione delle finanze congiunte, può emergere una dinamica in cui un partner assume un ruolo più dominante nella gestione del denaro. Questo può dipendere da vari fattori: magari uno dei partner ha una formazione finanziaria, o forse l'altro preferisce evitare lo stress legato alla gestione del denaro. Tuttavia, è essenziale garantire che entrambi i partner abbiano una voce attiva nel processo. L'assunzione di ruoli equilibrati può evitare risentimenti e malintesi in seguito.

Metodi Alternativi di Budgeting:

Esistono vari metodi di budgeting che le coppie possono adottare a seconda delle loro esigenze. Alcune coppie potrebbero optare per il metodo dell'envelop, dove allocano una certa somma di denaro fisico in diverse buste per diverse categorie di spesa. Altri potrebbero adottare un approccio percentuale, destinando una percentuale specifica del loro reddito a risparmi, investimenti, spese essenziali e divertimento.

Pianificazione per Eventi Futuri:

Oltre al budgeting per le spese quotidiane e mensili, è vitale pensare e pianificare eventi futuri significativi. Questo potrebbe includere la pianificazione di un matrimonio, l'arrivo di un bambino, l'acquisto di una casa o persino l'invio di un figlio all'università. Ognuno di questi eventi può avere un impatto significativo sul budget di una coppia e richiedere una pianificazione finanziaria anticipata.

Stabilire Limiti di Spesa:

Per evitare disaccordi o sorprese, molte coppie trovano utile stabilire un "limite di spesa" per gli acquisti discreti. Ciò significa che per qualsiasi acquisto al di sopra di un certo importo, entrambi i partner devono essere d'accordo. Questo non solo previene potenziali conflitti ma promuove anche la comunicazione e la collaborazione finanziaria.

Incorporare Periodici "Check-in" Finanziari:

Oltre alla routine quotidiana o mensile di gestione del budget, è una buona pratica per le coppie avere check-in finanziari regolari, forse ogni trimestre o semestre. Questi check-in possono essere l'occasione per rivedere progressi o sfide, discutere di eventuali cambiamenti nelle priorità e adattare il budget di conseguenza.

Confrontarsi con Altre Coppie:

A volte, può essere utile per le coppie parlare con amici o altre coppie sulle loro pratiche di budgeting. Ognuno ha una prospettiva unica e può offrire suggerimenti, strumenti o approcci che potrebbero non essere stati precedentemente considerati. Questo scambio può anche servire come una fonte di incoraggiamento e sostegno nel viaggio finanziario congiunto.

Comprensione delle Priorità Individuali e Congiunte:

Nel contesto di un budget congiunto, può emergere una sfida nel bilanciare le priorità finanziarie individuali con quelle congiunte. Per esempio, mentre un partner potrebbe vedere l'importanza di risparmiare per un viaggio all'estero, l'altro potrebbe privilegiare l'acquisto di un nuovo gadget tecnologico. Discutere e comprendere queste preferenze può portare a una maggiore armonia nella gestione del denaro.

Emergenza e Fondi di Riserva:

Un aspetto cruciale del budgeting è la preparazione per l'inaspettato. Questo può includere emergenze mediche, riparazioni auto, o persino una perdita di lavoro. Stabilire un fondo di emergenza – che dovrebbe coprire da tre a sei mesi di spese essenziali – può dare alle coppie la pace della mente sapendo che sono preparate per eventi imprevisti.

Valutazione Periodica del Reddito:

Mentre molte persone pensano alle spese quando si parla di budget, è altrettanto importante considerare il reddito. Questo può includere valutare periodicamente le opportunità di carriera, considerare side hustle o lavori freelance, o persino investire in ulteriore istruzione o formazione per aumentare il potenziale di guadagno.

Risparmiare su Spese Comuni:

Le spese comuni, come le bollette o la spesa, possono sembrare fisse, ma spesso ci sono modi per ridurre questi costi. Questo potrebbe significare la ricerca di offerte o sconti, rinegoziare tariffe con i fornitori di servizi, o semplicemente adottare comportamenti più economici, come ridurre l'uso di energia o acquistare prodotti alimentari in offerta.

Delega e Automazione:

Una volta stabilito un sistema di budgeting che funziona per entrambi i partner, considerare metodi per automatizzare il processo. Questo potrebbe includere l'istituzione di pagamenti automatici per le bollette, l'uso di app o software di budgeting che tracciano le spese in tempo reale, o persino l'istituzione di trasferimenti automatici per risparmi o conti di investimento.

Budget per Momenti Speciali:

Oltre alle spese quotidiane e mensili, è importante per le coppie considerare le spese per occasioni speciali. Questo potrebbe includere compleanni, anniversari, vacanze o altre celebrazioni. Pianificare in anticipo per questi eventi può evitare lo stress finanziario che può derivare dall'essere impreparati.

Guardare al Futuro:

Mentre è vitale avere un budget che rifletta la situazione finanziaria attuale, le coppie dovrebbero anche considerare i loro obiettivi a lungo termine. Ciò potrebbe includere risparmiare per la pensione, investire in beni immobili, o persino creare un fondo per l'istruzione futura dei figli.

Benefici Psicologici del Budgeting Congiunto:

Mentre ci sono certamente benefici finanziari nel mantenere un budget congiunto, ci sono anche numerosi benefici psicologici. Questo può includere una maggiore sensazione di sicurezza, una maggiore fiducia nella partnership, e una sensazione di realizzazione nel raggiungere gli obiettivi finanziari insieme.

Conclusione sul Creare un Budget Congiunto:

Creare un budget congiunto è un passo cruciale che permette alle coppie di navigare con successo nel complesso mondo delle finanze condivise. L'esercizio trascende la mera allocazione delle risorse e si trasforma in un viaggio di comprensione reciproca, stabilendo priorità e costruendo un futuro insieme.

In primo luogo, la chiara identificazione delle spese fisse e variabili serve come fondamento. Le spese fisse, come l'affitto o il mutuo, le bollette e i pagamenti auto, sono costanti e prevedibili. Al contrario, le spese variabili, come le uscite per cene fuori, viaggi o acquisti d'impulso, possono variare di mese in mese. Comprendendo queste due categorie, le coppie possono iniziare a progettare su come allocare i loro fondi efficacemente.

L'allocazione delle risorse non si limita solo alle spese, ma anche alla creazione di risparmi e investimenti. Questi ultimi rappresentano il futuro della coppia, assicurando la sicurezza finanziaria nel lungo termine. Che si tratti di risparmiare per un viaggio desiderato, investire in una casa o prepararsi per la pensione, la pianificazione e l'allocazione consapevole sono essenziali.

Ma al di là della meccanica del budgeting, ciò che veramente importa è il dialogo che esso promuove. Un budget congiunto incoraggia la comunicazione continua, il compromesso e la collaborazione. Costringe le coppie a confrontarsi con le proprie abitudini di spesa, valori e sogni per il futuro, e a trovare un terreno comune su come raggiungere quei sogni insieme.

In definitiva, un budget congiunto non è solo una tabella di numeri o una lista di spese. È un documento vivente che riflette la visione condivisa di una coppia per il proprio futuro. Attraverso la pianificazione, la comprensione e la collaborazione, le coppie possono usare questo strumento per costruire una base finanziaria solida su cui crescere e prosperare insieme.

6. Gestione del debito • Strategie per pagare i debiti più velocemente. • L'importanza di evitare ulteriori debiti inutili.

Strategie per Pagare i Debiti Più Velocemente:

Pagare il debito richiede una combinazione di determinazione, disciplina e una strategia ben pianificata. Ecco alcune strategie comuni e efficaci per liberarsi del debito:

- **Metodo della palla di neve:** Questo metodo consiste nel pagare prima i debiti con gli importi più piccoli, indipendentemente dal tasso di interesse, mentre si continuano a pagare le rate minime su tutti gli altri debiti. Una volta che il debito più piccolo è estinto, si applica quell'importo al debito successivo più piccolo, creando un effetto "palla di neve".

- **Metodo della valanga:** Questa strategia implica di pagare prima i debiti con il tasso di interesse più alto, garantendo così di ridurre il costo totale degli interessi nel lungo termine.

- **Rinegoziazione del tasso di interesse:** Contattare i creditori o le società di carte di credito per negoziare tassi di interesse più bassi può aiutare a ridurre l'onere del debito nel tempo.

- **Consolidamento del debito:** Questa opzione combina tutti i debiti in un unico prestito, spesso con un tasso di interesse più basso e un'unica rata mensile.

- **Pianificazione di un budget:** E' essenziale dedicare una parte specifica del reddito al pagamento del debito e rispettarla rigorosamente.

L'Importanza di Evitare Ulteriori Debiti Inutili:

Il debito, in sé, non è intrinsecamente negativo; può essere uno strumento utile quando gestito correttamente. Tuttavia, accumulare debiti inutili o non essenziali può creare una spirale di problemi finanziari che diventa sempre più difficile da gestire. Ecco perché:

- **Interessi cumulativi:** Il debito accumula interesse nel tempo. Più si ha debito, e più tempo si impiega per pagarlo, maggiore sarà la somma totale che si finirà per pagare.

- **Riduzione della flessibilità finanziaria:** Elevati livelli di debito possono limitare la capacità di rispondere a emergenze finanziarie o di cogliere opportunità di investimento.

- **Stress emotivo:** Il debito può portare a preoccupazioni e stress, influenzando negativamente la qualità della vita e la salute mentale.

- **Impatto sul punteggio di credito:** Il mantenimento di alti livelli di debito, in particolare se non si riesce a gestire i pagamenti, può danneggiare il proprio punteggio di credito, rendendo più difficile ottenere prestiti o carte di credito in futuro.

Per evitare ulteriori debiti inutili, è fondamentale avere una chiara comprensione delle proprie finanze, stabilire un budget e aderire ad esso, e sviluppare una mentalità che valuta attentamente ogni decisione di spesa. Essere proattivi nella gestione del debito e avere una mentalità preventiva può aiutare le coppie a mantenere una solida fondamenta finanziaria e a costruire un futuro prospero.

La Psicologia del Debito:

Spesso, le decisioni che portano al debito sono radicate nella psicologia. Capire le cause sottostanti del perché ci si trova a spendere può offrire spunti preziosi per modificare comportamenti dannosi. Alcune persone potrebbero accumulare debiti a causa di acquisti impulsivi, cercando una gratificazione immediata. Altri potrebbero vedere lo shopping come una terapia, un modo per affrontare lo stress o la tristezza.

Comprendere queste motivazioni può aiutare a individuare alternative più salutari per gestire le emozioni senza ricorrere alla spesa.

Il Ruolo della Formazione Finanziaria:

Molte coppie potrebbero non avere avuto una formazione finanziaria adeguata prima di confrontarsi con le decisioni economiche reali. Questa mancanza di formazione può portare a decisioni meno informate riguardo al debito. La formazione finanziaria, attraverso seminari, corsi online o consulenza, può equipaggiare le coppie con gli strumenti necessari per prendere decisioni ponderate sul debito.

Priorità e Valori:

Ogni coppia ha un set unico di valori e priorità. Mentre alcune coppie potrebbero valorizzare viaggi e esperienze, altre potrebbero dare priorità alla proprietà di una casa o all'investimento in un'istruzione di qualità. Discutere apertamente di queste priorità può aiutare le coppie a delineare dove è appropriato assumersi debiti e dove potrebbe non esserlo.

Uso Strategico del Debito:

Non tutto il debito è cattivo. Ci sono momenti in cui assumersi un debito può essere una decisione finanziaria strategica. Ad esempio, un prestito per l'istruzione potrebbe avere senso se può portare a opportunità di carriera e a un potenziale guadagno maggiore in futuro. Similmente, un mutuo per una casa in una zona in crescita potrebbe rappresentare un investimento solido. La chiave è comprendere la differenza tra debiti strategici e debiti consumistici senza un ritorno sull'investimento.

Sistemi di Allerta e Monitoraggio:

Oggi, grazie alla tecnologia, ci sono numerose app e piattaforme che permettono di monitorare le proprie finanze in tempo reale. Questi strumenti possono inviare allerte quando si raggiungono certi limiti di spesa o quando si accumula un certo importo di debito. Utilizzare queste risorse può aiutare le coppie a rimanere consapevoli della loro situazione finanziaria e a prendere decisioni informate.

L'Impatto dei Debiti sulle Relazioni:

Il debito può avere un profondo impatto sulla dinamica di una coppia. Quando uno o entrambi i partner si sentono sopraffatti dai debiti, possono emergere tensioni e sfiducia. È essenziale per le coppie riconoscere l'effetto che il debito può avere sulla loro relazione e cercare supporto, sia attraverso la consulenza finanziaria che relazionale, per navigare in queste acque turbolente insieme.

Interazione tra Debito e Risparmio:

Anche se l'obiettivo principale potrebbe essere quello di pagare il debito, non bisogna sottovalutare l'importanza del risparmio. Avere un fondo di emergenza, anche mentre si sta pagando il debito, può prevenire l'accumulo di ulteriori debiti in caso di imprevisti. Questa doppia strategia – pagare il debito e risparmiare contemporaneamente – può sembrare controintuitiva, ma può effettivamente offrire una maggiore sicurezza finanziaria nel lungo termine.

Effetti Fiscali del Debito:

A seconda del tipo di debito e della giurisdizione, potrebbero esserci implicazioni fiscali associate all'assunzione o al pagamento del debito. Ad esempio, gli interessi sul mutuo della casa potrebbero essere deducibili dalle tasse in alcune giurisdizioni, rendendo questo tipo di debito leggermente più attraente. D'altro canto, il mancato pagamento di debiti potrebbe portare a sanzioni fiscali. Essere consapevoli delle varie implicazioni fiscali può aiutare nella pianificazione e nella gestione del debito.

Impatto del Debito sulla Salute:

La pressione del debito non colpisce solo le finanze; può avere effetti tangibili sulla salute fisica e mentale. Stress, insonnia, ansia e persino problemi di salute come ipertensione possono essere legati alle preoccupazioni finanziarie. Le coppie devono riconoscere questi potenziali effetti collaterali e cercare modi per mitigarli, che potrebbero includere esercizi di mindfulness, consulenza o semplicemente prendersi il tempo per discutere delle proprie preoccupazioni con il partner.

Ruolo dei Consulenti Finanziari:

Un consulente finanziario può offrire una prospettiva esterna e professionale sulla situazione debitoria di una coppia. Questi esperti possono aiutare a identificare le migliori strategie per la gestione del debito, suggerire modifiche al comportamento di spesa e investire consigli per massimizzare la crescita del patrimonio nel tempo. Anche se c'è un costo associato alla consulenza finanziaria, il valore a lungo termine che può portare spesso supera di gran lunga l'investimento iniziale.

L'Importanza della Prevenzione:

Mentre è cruciale gestire e ridurre il debito esistente, è altrettanto importante prendere misure per prevenire ulteriori accumuli di debito. Ciò potrebbe significare la creazione di un budget più rigoroso, la riduzione delle spese non essenziali, la creazione di un fondo di emergenza o l'apprendimento di nuove competenze che possono aumentare il reddito. Prendendo decisioni proattive e preventivate, le coppie possono mettersi in una posizione di forza per affrontare sfide finanziarie future.

Trasparenza e Accountability:

Per le coppie, è vitale mantenere un livello di trasparenza totale riguardo alle proprie situazioni finanziarie. Nascondere debiti o spese può portare a problemi di fiducia e a tensioni nella relazione. Utilizzare strumenti e risorse condivise, come app di budgeting congiunto o incontri finanziari regolari, può garantire che entrambi i partner siano sulla stessa pagina e si sentano responsabilizzati per raggiungere obiettivi finanziari comuni.

Utilizzo della Consapevolezza Finanziaria per Prevenire il Debito:

Man mano che le coppie si avventurano nel viaggio finanziario congiunto, la consapevolezza finanziaria diventa un alleato cruciale. Comprendere la differenza tra "desiderio" e "necessità", riconoscere i trigger emotivi che portano agli acquisti impulsivi e riflettere sul valore a lungo termine degli acquisti può prevenire inutili accumuli di debito. Questa autoconsapevolezza, quando condivisa tra i partner, può portare a decisioni di spesa più ponderate e sostenibili.

L'Impatto del Debito sul Punteggio di Credito:

Uno degli aspetti spesso trascurati della gestione del debito è il suo impatto sul punteggio di credito. Pagamenti in ritardo, debiti elevati rispetto ai limiti di credito e altri fattori possono abbassare il punteggio di credito, rendendo più costoso ottenere finanziamenti in futuro. Monitorare i punteggi di credito e comprendere i fattori che li influenzano può aiutare le coppie a prendere decisioni informate che preservano o migliorano la loro affidabilità creditizia.

Affrontare Debiti Insostenibili:

In alcune situazioni, il debito può diventare insostenibile. In questi casi, è importante per le coppie riconoscere quando chiedere aiuto. Questo può includere la consultazione di un consulente finanziario, l'esplorazione di opzioni come la consolidazione del debito o, in situazioni estreme, la considerazione di soluzioni come il fallimento. Affrontare proattivamente il problema, piuttosto che ignorarlo, può portare a soluzioni più gestibili e ridurre lo stress finanziario.

Tassi di Interesse e Rifinanziamento:

I tassi di interesse svolgono un ruolo cruciale nella velocità con cui un debito cresce. Le coppie dovrebbero avere una comprensione chiara dei tassi di interesse associati a ogni debito e considerare opzioni come il rifinanziamento per ridurre tali tassi se possibile. Il rifinanziamento può offrire l'opportunità di ottenere termini di prestito più favorevoli e può essere particolarmente utile per debiti con tassi di interesse elevati come le carte di credito.

Educarsi sulle Opzioni di Prestito:

Non tutti i debiti sono creati allo stesso modo. Mentre alcune forme di debito, come i mutui o i prestiti studenteschi, possono avere tassi di interesse più bassi e possono rappresentare investimenti in beni duraturi o formazione, altri, come il debito della carta di credito, possono avere tassi molto più alti e rappresentare spese più effimere. Le coppie dovrebbero educarsi sulle diverse opzioni di prestito disponibili e valutare attentamente i termini e le condizioni prima di contrarre nuovi debiti.

Attenzione alle Truffe Legate al Debito:

Purtroppo, in un mondo sempre più digitale, le truffe legate al debito sono in aumento. Questi possono variare dalle offerte di "eliminazione del debito" troppo belle per essere vere a tattiche aggressive di recupero crediti. Le coppie devono essere vigili, fare ricerche approfondite su qualsiasi offerta o servizio e evitare decisioni precipitose quando si tratta di gestione del debito.

Conclusione sulla Gestione del Debito per le Coppie:

La gestione del debito è un aspetto cruciale della salute finanziaria per le coppie. Poiché il debito può influenzare non solo la sicurezza economica ma anche la dinamica della relazione, è fondamentale affrontarlo con attenzione, chiarezza e cooperazione.

Riconoscere la natura e l'entità del debito è il primo passo fondamentale. Entrambi i partner devono avere una comprensione chiara di ciò che devono, a chi lo devono e a quale tasso di interesse. Questo fornisce una base solida da cui iniziare. Con questa chiara panoramica, le coppie possono poi stabilire un piano per pagare i debiti, dando priorità in base a vari criteri, come il tasso di interesse o l'importo totale dovuto.

È altrettanto fondamentale evitare ulteriori debiti inutili. Questo richiede una comprensione delle proprie abitudini di spesa, delle pressioni che portano a spese superflue e della capacità di resistere a tentazioni a breve termine in vista di obiettivi finanziari a lungo termine.

I tassi di interesse giocano un ruolo fondamentale nella velocità con cui il debito si accumula. Essendo informati sui tassi in corso e valutando opzioni come il rifinanziamento, le coppie possono ridurre il carico finanziario complessivo dei loro debiti.

Educarsi sulle varie forme di debito, dalle carte di credito ai mutui, dà alle coppie gli strumenti per prendere decisioni informate. Inoltre, è essenziale essere consapevoli delle potenziali truffe legate al debito. In un'epoca in cui le offerte possono arrivare rapidamente via email, telefono o posta, è fondamentale valutare ogni proposta con un occhio critico e cercare consiglio se si è in dubbio.

Infine, la comunicazione aperta e onesta tra i partner è la chiave. Gestire il debito può essere stressante, e nascondere il debito o non essere onesti su di esso può causare danni significativi alla fiducia all'interno della relazione. Attraverso il dialogo, la pianificazione congiunta e l'impegno per gli obiettivi finanziari condivisi, le coppie possono non solo gestire efficacemente il loro debito, ma anche costruire un futuro finanziario solido insieme.

7. Pianificazione degli obiettivi finanziari a breve e lungo termine • Ad esempio, acquisto di una casa, vacanze, istruzione dei figli.

Definizione degli Obiettivi a Breve Termine:

Quando si parla di obiettivi a breve termine, ci si riferisce generalmente a quelli che si prevede di raggiungere entro un anno. Questi obiettivi possono variare dalle piccole spese impreviste alla creazione di un fondo d'emergenza, passando per vacanze o l'acquisto di beni come un'auto nuova o usata.

1. Fondo d'emergenza: Una delle prime e più cruciali fasi nella pianificazione finanziaria è stabilire un fondo d'emergenza. Questo può aiutare a coprire spese inaspettate come riparazioni auto, spese mediche o periodi di disoccupazione.

2. Risparmi per le vacanze: Le vacanze possono rappresentare una spesa significativa, ma con una pianificazione adeguata, è possibile mettere da parte fondi specifici per queste occasioni, evitando di ricorrere al credito.

3. Riduzione del debito: Anche se questo può sembrare un obiettivo a lungo termine, stabilire piccoli traguardi a breve termine per ridurre specifiche parti del debito può essere altamente motivante e può aiutare a mantenere il focus sulla riduzione complessiva del debito.

Definizione degli Obiettivi a Lungo Termine:

Gli obiettivi finanziari a lungo termine sono quelli che si spera di raggiungere nel giro di più anni o decenni. Questi obiettivi richiedono una pianificazione e un impegno prolungati e spesso implicano importi di denaro significativi.

1. Acquisto di una casa: L'acquisto di una casa è spesso il più grande investimento che una coppia farà nella sua vita. Ciò richiede una significativa quantità di risparmio per il pagamento iniziale, oltre a una buona pianificazione per assicurarsi di poter gestire i pagamenti ipotecari e le altre spese connesse alla proprietà di una casa.

2. Istruzione dei figli: Con l'aumento dei costi dell'istruzione, mettere da parte denaro per l'università o altre opportunità educative per i figli è diventato un obiettivo primario per molte famiglie. Esistono diversi strumenti e conti di risparmio specifici per l'istruzione che possono aiutare le coppie a pianificare in anticipo.

3. Pianificazione della pensione: Anche se può sembrare lontano, è essenziale iniziare a risparmiare per la pensione il prima possibile. Grazie all'interesse composto, anche piccoli contributi regolari a conti pensionistici come 401(k) o IRA possono crescere in somme significative nel tempo.

4. Altri obiettivi: Questi possono includere viaggi significativi, come un viaggio attorno al mondo, investimenti in un'impresa o l'acquisto di una seconda casa o di una proprietà per le vacanze.

Strategie per Raggiungere gli Obiettivi:

Una volta definiti gli obiettivi, sia a breve che a lungo termine, è fondamentale stabilire una strategia su come raggiungerli. Questo potrebbe includere la creazione di un bilancio mensile, l'investimento in specifici strumenti finanziari o l'assunzione di un consulente finanziario per guidare la coppia attraverso il processo.

La chiave del successo nella pianificazione degli obiettivi finanziari è la consistenza. Con un impegno regolare, revisione e aggiustamento delle strategie e una comunicazione aperta tra i partner, le coppie possono lavorare insieme per costruire un futuro finanziario sicuro e prospero.

Mentre ci si addentra nel mondo della pianificazione finanziaria, è essenziale comprendere che gli obiettivi, siano essi a breve o lungo termine, non sono statici. La flessibilità è fondamentale poiché le circostanze della vita cambiano, e ciò che potrebbe sembrare una priorità oggi potrebbe non esserlo domani. Di conseguenza, la revisione periodica di questi obiettivi e la capacità di adattarsi sono cruciali.

Adattarsi alle Sfide della Vita:

La vita può portare sorprese inaspettate, come un trasferimento di lavoro, l'arrivo di un figlio, una malattia o la perdita di un lavoro. Quando tali eventi si verificano, possono avere un impatto significativo sulla capacità di una coppia di raggiungere gli obiettivi finanziari che si era prefissata. Ecco perché è così importante avere un approccio flessibile e adattabile alla pianificazione finanziaria.

Per esempio, se una coppia aveva programmato di acquistare una casa entro tre anni ma uno dei partner perde il lavoro, potrebbe essere necessario rivedere e potenzialmente posticipare questo obiettivo. Allo stesso modo, se una coppia riceve un'eredità inaspettata, potrebbe decidere di utilizzare quei fondi per accelerare il raggiungimento di alcuni dei loro obiettivi finanziari.

Sfruttare Gli Strumenti Finanziari Disponibili:

Esistono numerosi strumenti e risorse disponibili per aiutare le coppie nella pianificazione e nel raggiungimento dei loro obiettivi. Dalle applicazioni di bilancio alle piattaforme di investimento online, passando per i consulenti finanziari, è possibile ottenere assistenza e orientamento in ogni fase del processo.

Uno strumento particolarmente utile è il calcolatore degli obiettivi finanziari. Questi calcolatori permettono alle coppie di inserire i dettagli dei loro obiettivi, come l'importo del risparmio desiderato e la tempistica, e quindi di visualizzare vari scenari basati su diverse rate di risparmio e rendimenti di investimento.

L'Importanza delle Priorità:

Non tutte le mete finanziarie hanno la stessa importanza. Mentre alcune sono essenziali, come assicurarsi di avere un fondo d'emergenza adeguato, altre, come un viaggio esotico, potrebbero essere viste come desideri piuttosto che come necessità. La capacità di distinguere tra ciò che è essenziale e ciò che è desiderabile può aiutare le coppie a stabilire priorità e ad allocare risorse in modo efficace.

Educazione Finanziaria e Formazione Continua:

Il mondo delle finanze è in costante evoluzione. Nuovi prodotti finanziari vengono introdotti regolarmente, le leggi fiscali possono cambiare, e le condizioni economiche globali possono influenzare i mercati. Ecco perché è così importante per le coppie impegnarsi in un'apprendimento finanziario continuo.

Partecipare a seminari finanziari, leggere libri o articoli sull'argomento, o anche consultare un consulente finanziario può fornire una visione aggiornata e consentire di prendere decisioni informate. Anche l'iscrizione a bollettini informativi o la partecipazione a webinar online può essere un modo efficace per rimanere informati e aggiornati sulle ultime tendenze e opportunità finanziarie.

Comprensione del Valore Temporale del Denaro:

Nel contesto della pianificazione degli obiettivi finanziari, è essenziale comprendere il concetto del valore temporale del denaro. Esso sostiene che un euro oggi vale di più di un euro ricevuto in futuro. Questo perché il denaro può essere investito e produrre un rendimento, e c'è anche il rischio di inflazione, che potrebbe erodere il potere d'acquisto del denaro nel tempo. Quando le coppie pianificano per il futuro, sia per obiettivi a breve che a lungo termine, devono considerare il tasso di rendimento che si aspettano di ottenere e l'effetto dell'inflazione sul loro potere d'acquisto futuro.

Diversificare gli Investimenti:

Mentre si pianifica per il futuro, è importante non mettere tutte le uova nello stesso paniere. La diversificazione, o la dispersione degli investimenti in una varietà di asset, può aiutare a ridurre il rischio. Se una coppia sta risparmiando per l'istruzione dei figli, potrebbe considerare l'investimento in un fondo di risparmio per l'istruzione, ma potrebbe anche voler diversificare in azioni, obbligazioni o immobili per equilibrare il rischio.

Incorporare l'Assicurazione nella Pianificazione:

Oltre a risparmiare e investire, le coppie dovrebbero considerare l'importanza dell'assicurazione nella pianificazione degli obiettivi finanziari. Se uno dei partner dovesse mancare o subire un grave infortunio, ciò potrebbe avere gravi ripercussioni sugli obiettivi finanziari della coppia. Assicurarsi adeguatamente, sia attraverso un'assicurazione sulla vita che attraverso un'assicurazione contro gli infortuni o le malattie gravi, può proteggere la coppia da queste eventualità inaspettate.

Rinforzare la Pianificazione con un "Piano B":

Anche con la pianificazione più dettagliata, le cose non vanno sempre come previsto. Avere un "Piano B" in atto può offrire una rete di sicurezza. Ad esempio, se una coppia sta risparmiando per acquistare una casa ma si imbatte in difficoltà finanziarie, avere un fondo d'emergenza separato o altre risorse può aiutare a coprire le spese nel breve termine senza intaccare i risparmi per la casa.

Esaminare l'Impatto Fiscale:

La pianificazione fiscale è un aspetto fondamentale della pianificazione degli obiettivi finanziari. Conoscere le potenziali detrazioni, crediti e strategie per ridurre le passività fiscali può avere un impatto significativo sul denaro disponibile per raggiungere obiettivi specifici. Utilizzare strumenti come conti di risparmio esentasse o piani pensionistici può offrire vantaggi fiscali che accelerano la crescita dei risparmi.

Concludendo, la pianificazione degli obiettivi finanziari a breve e lungo termine è un pilastro essenziale per la stabilità finanziaria e la prosperità futura di una coppia. Ciò richiede una comprensione approfondita delle proprie priorità e desideri, integrata con una solida conoscenza di strumenti e strategie finanziarie.

Inizialmente, bisogna delineare chiaramente quali sono questi obiettivi. Siano essi l'acquisto di una nuova casa, la pianificazione di una vacanza da sogno, l'assicurazione di un'istruzione di qualità per i figli, o la creazione di un nido d'oro per la pensione, ogni obiettivo ha il suo particolare set di considerazioni e sfide.

Il valore temporale del denaro sottolinea l'importanza di iniziare presto. Con l'effetto cumulativo degli interessi composti, le somme risparmiate o investite oggi possono crescere esponenzialmente nel corso del tempo. Questo concetto enfatizza non solo l'importanza dell'investimento, ma anche la necessità di una visione lungimirante.

La diversificazione degli investimenti protegge dalle turbolenze dei mercati, garantendo che una caduta in un settore non decimi i risparmi di una vita. La diversificazione non garantisce il profitto o protegge totalmente dalle perdite, ma mitiga i rischi.

L'assicurazione, spesso trascurata nella pianificazione finanziaria, può essere il salvagente che protegge una coppia da catastrofi finanziarie inaspettate. Una polizza adeguata può fare la differenza tra la salvaguardia degli obiettivi finanziari e la perdita di anni di risparmi e investimenti.

Incorporare un "Piano B" nella strategia offre una flessibilità indispensabile. La vita è imprevedibile; avere una strategia alternativa o risorse supplementari può evitare decisioni affrettate o irrazionali in tempi di stress.

Infine, un'astuta pianificazione fiscale può potenziare significativamente i risparmi, sfruttando detrazioni, crediti e strumenti di investimento specifici per massimizzare i rendimenti e minimizzare le passività.

In sintesi, la pianificazione degli obiettivi finanziari non è solo una questione di numeri. Riguarda la visione, l'anticipazione, l'adattamento e l'educazione. Con una preparazione adeguata e l'attenzione ai dettagli, le coppie possono navigare con successo nel complesso panorama finanziario, assicurando un futuro prospero e sicuro.

8. Fondi di emergenza • L'importanza di avere risparmi
per le emergenze. • Quanto risparmiare e come
utilizzarli.

Mentre ogni coppia avrà le proprie sfide e opportunità
uniche quando si tratta di gestire le finanze, una cosa è
universale: l'importanza di avere un fondo di
emergenza. Vediamo più dettagliatamente
l'importanza e la gestione di tali fondi.

L'importanza di avere risparmi per le emergenze

1. **Cuscino contro l'inaspettato**: La vita è piena
   di sorprese, alcune delle quali possono avere un
   impatto finanziario significativo. Può trattarsi di
   una perdita di lavoro, di un'emergenza medica, di
   danni alla proprietà o di qualsiasi altro evento
   imprevisto. Avere un fondo di emergenza
   consente alle coppie di affrontare queste sfide
   senza dover ricorrere al debito o sacrificare altri
   obiettivi finanziari.

2. **Pace della mente**: Sapere di avere un backup
   finanziario offre una sensazione di sicurezza. Ciò
   può ridurre lo stress e la preoccupazione per il
   futuro, consentendo alle coppie di concentrarsi
   su altri aspetti della loro vita.

3. **Evitare il debito**: Senza un fondo di emergenza, le coppie potrebbero sentirsi costrette a utilizzare carte di credito o prestiti per coprire le spese inaspettate. Questo può portare a tassi di interesse elevati e a una spirale di debito.

Quanto risparmiare e come utilizzarli

1. **Determinare l'importo**: La dimensione ideale di un fondo di emergenza può variare, ma una regola comune è avere risparmi sufficienti per coprire da tre a sei mesi di spese essenziali. Questo può dare abbastanza tempo per trovare una nuova fonte di reddito o risolvere la crisi senza gravare sulle finanze.

2. **Rendere prioritari i risparmi**: Prima di destinare denaro ad altre voci di spesa o investimenti, è essenziale mettere da parte una parte dei redditi per il fondo di emergenza fino a quando non si raggiunge l'obiettivo stabilito.

3. **Separare i fondi**: I fondi di emergenza dovrebbero essere facilmente accessibili, ma non troppo. Considerate l'idea di aprire un conto di risparmio separato per questi fondi in modo da non essere tentati di utilizzarli per spese quotidiane.

4. **Reinvestire gli interessi**: Anche se l'obiettivo primario del fondo di emergenza è la sicurezza e non il rendimento, eventuali interessi guadagnati possono essere reinvestiti nel fondo per aumentare ulteriormente il buffer finanziario.

5. **Uso responsabile**: I fondi di emergenza dovrebbero essere utilizzati solo in vere emergenze. Non per desideri impulsivi o spese non essenziali. Se doveste attingere al fondo, è fondamentale iniziare a ricostruirlo il prima possibile.

Concludendo, i fondi di emergenza rappresentano una componente fondamentale della salute finanziaria di una coppia. Offrono sicurezza, riducono il rischio e forniscono un mezzo per affrontare le sfide finanziarie inaspettate con fiducia e resilienza.

Strategie di accumulo per il fondo di emergenza

La creazione di un fondo di emergenza non avviene dall'oggi al domani, richiede pianificazione e dedizione. Ecco alcune strategie che le coppie possono adottare:

1. **Automatizzare i risparmi**: Una delle modalità più efficaci per risparmiare è automatizzare il processo. Molte banche e istituzioni finanziarie offrono la possibilità di impostare trasferimenti automatici da un conto

corrente a un conto di risparmio. Questo assicura che una certa somma venga messa da parte regolarmente, rendendo il risparmio una parte integrante della routine finanziaria.

2. **Risparmiare le entrate extra**: Bonus sul lavoro, rimborsi fiscali, regali in denaro o qualsiasi altra entrata inaspettata possono essere direttamente destinate al fondo di emergenza. Utilizzare queste somme "extra" può accelerare notevolmente la crescita del fondo.

3. **Tagliare le spese non essenziali**: Rivedere le proprie abitudini di spesa e identificare aree in cui è possibile fare economia, anche temporaneamente, può liberare fondi da destinare all'emergenza. Questo potrebbe includere ridurre le spese per cene fuori, abbonamenti non essenziali o spese impulsivo.

4. **Vendere ciò che non si usa**: Tutti abbiamo oggetti in casa che non usiamo più. Vendere questi articoli, sia online che attraverso vendite di garage, può fornire una fonte aggiuntiva di reddito per il fondo di emergenza.

5. **Riconsiderare gli investimenti a breve termine**: Mentre il fondo di emergenza dovrebbe essere facilmente accessibile e non esposto a rischi significativi, ci sono strumenti di investimento a breve termine, come i certificati

di deposito, che possono offrire rendimenti leggermente superiori rispetto ai conti di risparmio tradizionali.

6. **Stabilire delle sfide di risparmio**: Le coppie possono rendere il processo di risparmio più interessante e stimolante stabilendo delle sfide. Ad esempio, potrebbero impegnarsi a risparmiare ogni moneta da 1 euro o 2 euro che ricevono, oppure potrebbero cercare di risparmiare una determinata somma ogni settimana, aumentandola gradualmente.

7. **Rivedere periodicamente il fondo**: È essenziale rivedere periodicamente il fondo di emergenza, in particolare se ci sono stati cambiamenti significativi nella situazione finanziaria o nelle spese mensili. Questo aiuta a assicurarsi che il fondo rimanga adeguato alle esigenze attuali.

8. **Educarsi sulle finanze**: La conoscenza è potere. Investire tempo nell'educazione finanziaria, attraverso libri, seminari o consulenze, può fornire strumenti e strategie per ottimizzare il risparmio e la gestione del fondo di emergenza.

Tutto sommato, la chiave per costruire un fondo di emergenza efficace è la costanza. Anche piccoli contributi, se regolari, possono accumularsi nel tempo, fornendo una rete di sicurezza finanziaria cruciale per le coppie. Ogni passo avanti, indipendentemente dalle dimensioni, avvicina a una posizione finanziaria più solida e resiliente.

Benefici psicologici del fondo di emergenza

Avere un fondo di emergenza non fornisce solo una sicurezza finanziaria tangibile, ma offre anche numerosi vantaggi psicologici:

1. **Riduzione dello stress**: Sapere di avere un cuscinetto economico in caso di spese impreviste o perdite di reddito può ridurre significativamente lo stress. Molti problemi di salute, come l'insonnia o l'ansia, sono spesso collegati a preoccupazioni finanziarie. Avere un fondo di emergenza può quindi contribuire non solo alla stabilità finanziaria, ma anche al benessere generale.

2. **Aumento della fiducia**: Avere risorse economiche disponibili in caso di bisogno potenzia la fiducia nelle proprie capacità di affrontare le sfide. Questa sicurezza può anche incoraggiare decisioni più audaci e informate in altri aspetti della vita, come la carriera o gli investimenti.

3. **Maggiore controllo sulla propria vita**:
   Sentirsi al controllo delle proprie finanze può
   influenzare positivamente la percezione di
   controllo in generale sulla propria vita. Una
   sensazione di controllo può portare a una
   maggiore motivazione, resilienza e aspirazione a
   obiettivi più ambiziosi.

4. **Riduzione dei conflitti di coppia**: Le finanze
   sono spesso una fonte di tensione nelle relazioni
   di coppia. Avere un fondo di emergenza può
   ridurre le discussioni relative a imprevisti
   economici e rafforzare il senso di team e
   collaborazione nella gestione delle risorse
   condivise.

5. **Sensazione di realizzazione**: Costruire un
   fondo di emergenza richiede disciplina e
   dedizione. Ogni volta che si raggiunge un
   traguardo preimpostato, si avverte una profonda
   sensazione di realizzazione, che può influenzare
   positivamente l'autostima e l'autopercezione.

6. **Preparazione per il futuro**: Avere un fondo di
   emergenza incoraggia a pensare e pianificare per
   il futuro. Questo approccio proattivo può
   estendersi ad altre aree della vita, come la
   pianificazione della carriera, la crescita personale
   o la cura della famiglia.

7. **Libertà di scelta**: Disporre di risorse economiche in caso di necessità offre una maggiore flessibilità nelle scelte di vita. Può fornire la libertà di cambiare lavoro, trasferirsi in una nuova città o persino iniziare una nuova attività senza la pressione finanziaria immediata.

8. **Protezione da circostanze inaspettate**: Viviamo in un mondo in costante cambiamento, dove circostanze inaspettate come disastri naturali, crisi economiche o problemi di salute possono sorgere senza preavviso. Avere un fondo di emergenza garantisce una maggiore preparazione ad affrontare queste sfide.

La creazione e la manutenzione di un fondo di emergenza non riguardano solo denaro. Si tratta di costruire una fondamentale sicurezza emotiva e psicologica, fornendo una base solida su cui costruire un futuro finanziario stabile e prospero.

Conclusione sul Fondo di Emergenza:

Il fondo di emergenza rappresenta una delle pietre miliari nella pianificazione finanziaria di ogni individuo e, in particolare, per le coppie. Questo "salvadanaio" funge da scudo contro gli imprevisti, garantendo che le sfide economiche temporanee non diventino crisi durature che possono influenzare in modo significativo la qualità della vita o la realizzazione di obiettivi a lungo termine.

Considerazioni chiave:

1. **Natura del Fondo**: Non si tratta semplicemente di denaro risparmiato; è un impegno attivo verso la sicurezza finanziaria. Questi fondi dovrebbero essere facilmente accessibili, il che significa che dovrebbero essere conservati in conti liquidi come conti di risparmio o conti del mercato monetario, piuttosto che in investimenti ad alto rischio.

2. **Dimensione del Fondo**: Mentre le dimensioni ideali del fondo possono variare in base alle circostanze individuali, un obiettivo comune per molte coppie è risparmiare da tre a sei mesi di spese. Tuttavia, questo può variare a seconda della situazione lavorativa, dei debiti e di altri fattori personali.

3. **Costruzione Progressiva**: Creare un fondo di emergenza è un processo. Non è necessario avere immediatamente sei mesi di spese risparmiate. Iniziare piccolo, magari con l'obiettivo di risparmiare una settimana o un mese di spese, e costruire da lì.

4. **Revisione e Adattamento**: È essenziale rivedere regolarmente il fondo di emergenza, specialmente dopo eventi significativi come l'acquisto di una casa, la nascita di un figlio o un

cambiamento nel lavoro. Il fondo dovrebbe evolversi insieme alla situazione finanziaria.

5. **Rigore e Disciplina**: La tentazione di attingere dal fondo per spese non emergenziali può essere grande. Tuttavia, è cruciale mantenere la disciplina e utilizzare questi fondi solo in vere emergenze, assicurando che ci sia sempre una rete di sicurezza finanziaria.

6. **Un Ponte verso Obiettivi Maggiori**: Una volta stabilito un solido fondo di emergenza, è possibile concentrarsi su obiettivi finanziari più ampi con maggiore sicurezza e meno ansia. Questo può includere investimenti, acquisti di beni o viaggi.

In sintesi, un fondo di emergenza rappresenta molto di più che semplici risparmi. È un testimone del impegno di una coppia verso una solida fondazione finanziaria. Assicura che, anche di fronte agli imprevisti, esista un piano e una protezione. Per le coppie, rappresenta anche un simbolo di collaborazione e impegno reciproco verso la sicurezza e il benessere congiunto.

9. Investimenti per il futuro • Introduzione agli investimenti. • Considerazioni per le coppie e strategie di investimento.

Investimenti per il Futuro

Gli investimenti sono uno strumento fondamentale per la crescita della ricchezza a lungo termine. Invece di lasciare i soldi in conti di risparmio che offrono rendimenti minimi, investire consente al denaro di lavorare e crescere nel tempo. Quando una coppia decide di intraprendere il percorso degli investimenti, diventa essenziale comprendere le basi, le varie opzioni disponibili e come queste scelte possono influenzare il loro futuro finanziario congiunto.

Introduzione agli Investimenti

1. **Cosa sono gli investimenti**: In sostanza, investire significa destinare risorse (spesso sotto forma di denaro) in qualcosa con l'aspettativa di ottenere un profitto o un rendimento in futuro. Questo può includere azioni, obbligazioni, fondi comuni di investimento, immobili e molte altre opzioni.

2. **Rendimenti vs. Rischi**: Fondamentalmente, l'investimento comporta un compromesso tra rendimenti e rischi. In generale, gli investimenti

con potenziali rendimenti più alti tendono anche ad avere rischi più elevati. È essenziale per le coppie comprendere e definire il proprio livello di tolleranza al rischio.

Considerazioni per le Coppie e Strategie di Investimento

1. **Obiettivi Congiunti**: Le coppie devono identificare e concordare sugli obiettivi di investimento. Questi potrebbero includere la pensione, l'istruzione dei figli, l'acquisto di una proprietà o altri sogni futuri. Ogni obiettivo potrebbe richiedere una strategia di investimento diversa.

2. **Diversificazione**: Non mettere tutte le uova nello stesso paniere. La diversificazione, o la distribuzione degli investimenti tra varie classi di attività, può aiutare a minimizzare il rischio. Per esempio, se una parte dell'investimento non sta andando bene, un'altra parte potrebbe compensare le perdite.

3. **Investimento Regolare**: Una strategia come il "dollar cost averaging", in cui si investe un importo fisso ad intervalli regolari (indipendentemente dalle condizioni di mercato), può aiutare a ridurre i rischi e a costruire la ricchezza nel tempo.

4. **Rivedere e Adattare**: Le circostanze della vita e le condizioni di mercato cambiano. Di conseguenza, è fondamentale per le coppie rivedere periodicamente i loro portafogli e fare le necessarie modifiche.

5. **Consulenza Professionale**: Non tutte le coppie saranno esperte in materia di investimenti. Collaborare con un consulente finanziario può fornire una guida preziosa, offrire una prospettiva esterna e aiutare nella scelta delle migliori opzioni di investimento.

6. **Pianificazione Pensionistica**: Molti investimenti sono orientati alla pianificazione della pensione. Considerare veicoli di investimento come 401(k), IRA o altri piani pensionistici specifici del paese può offrire vantaggi fiscali e aiutare a garantire una pensione confortevole.

Concludendo, l'investimento è una componente essenziale per la sicurezza finanziaria a lungo termine. Per le coppie, rappresenta un'opportunità di collaborare, pianificare e costruire insieme un futuro prospero. Mentre ci sono sempre rischi associati, una strategia ben ponderata e informata può portare a una crescita significativa della ricchezza e alla realizzazione dei sogni congiunti.

L'Arte degli Investimenti per Coppie

Quando due persone decidono di condividere le loro vite, condividono spesso anche i loro sogni, aspirazioni e obiettivi finanziari. Questa condivisione estende naturalmente il desiderio di investire insieme per costruire un futuro solido. Esaminare diversi aspetti degli investimenti può aiutare le coppie a navigare in questo territorio spesso complesso.

Strumenti di Investimento

Oltre alle azioni e obbligazioni tradizionali, esistono numerose opzioni di investimento a disposizione delle coppie:

1. **Immobili**: Gli investimenti immobiliari possono offrire rendimenti stabili attraverso l'incremento del valore del capitale e il reddito da affitto. Sia che si tratti di acquistare una prima casa, una proprietà per vacanze o immobili commerciali, la terra e gli edifici tendono a essere investimenti tangibili e duraturi.

2. **Commodities**: Merci come oro, petrolio e agricoltura offrono un diverso tipo di opportunità. Ad esempio, l'oro è spesso visto come un rifugio sicuro in tempi di incertezza economica.

3. **Fondi d'Investimento e ETF**: Mentre le azioni rappresentano una quota di un'azienda, i fondi d'investimento raccolgono denaro da più investitori per investire in un portafoglio diversificato. Gli ETF, o fondi negoziati in borsa, funzionano in modo simile, ma possono essere scambiati come azioni.

Considerazioni Emotive e Psicologiche

Gli investimenti non sono solo una scienza; sono anche un'arte, profondamente influenzata dalle emozioni:

1. **Tolleranza al Rischio**: Mentre alcuni sono avventurosi, altri sono cauti. È essenziale che le coppie discutano e comprendano la propria tolleranza collettiva al rischio. Ciò che potrebbe sembrare un'opportunità eccitante per uno potrebbe causare notti insonni all'altro.

2. **Aspettative e Tempistiche**: Alcuni investimenti sono a lungo termine, mentre altri potrebbero offrire rendimenti a breve termine. Le coppie dovrebbero discutere delle loro aspettative temporali per i vari investimenti.

3. **Il Ruolo delle Emozioni**: Le decisioni di investimento dovrebbero essere basate su

ricerche e analisi, piuttosto che su emozioni come paura o euforia. È essenziale riconoscere quando le emozioni stanno guidando le decisioni e cercare di adottare un approccio più oggettivo.

Navigare nelle Acque Complesse

Il mondo degli investimenti può sembrare un labirinto, con terminologia complicata, prodotti finanziari in evoluzione e mercati in continua evoluzione. Ecco alcune considerazioni:

1. **Educazione**: Anche se si decide di utilizzare un consulente finanziario, è cruciale che le coppie si istruiscano sulle basi dell'investimento. Ci sono molti corsi online, libri e seminari disponibili.

2. **Monitoraggio e Revisione**: Gli investimenti non sono una configurazione "imposta e dimentica". I mercati cambiano, così come le circostanze personali. È essenziale rivedere periodicamente il portafoglio e fare aggiustamenti se necessario.

3. **Costi e Commissioni**: Molti prodotti di investimento hanno commissioni e costi associati. Le coppie devono essere consapevoli di questi costi, poiché possono erodere significativamente i rendimenti nel tempo.

Investire come coppia può essere una sfida, ma è anche un'opportunità di crescere insieme, di apprendere e di costruire un futuro prospero. Attraverso la comunicazione, l'istruzione e un approccio ponderato, le coppie possono navigare nel mondo degli investimenti e raggiungere i loro obiettivi finanziari congiunti.

Conclusione su "Investimenti per il Futuro" per Coppie

Investire per il futuro, specialmente quando si tratta di una coppia, è un viaggio intriso di aspirazioni, pianificazione e a volte di sfide. Ciò che rende questo viaggio unico è l'intreccio di due visioni finanziarie distinte che cercano di confluire in un obiettivo comune.

La **necessità di una visione comune** non può essere enfatizzata abbastanza. Sebbene ogni individuo possa avere aspirazioni personali, come coppia, è vitale avere mete che si desidera raggiungere insieme. Questo potrebbe essere il ritiro anticipato, viaggiare per il mondo, garantire un'istruzione di qualità per i figli o persino lasciare un'eredità. Identificare questi obiettivi congiunti fornisce una direzione chiara per i futuri investimenti.

Il mondo degli **investimenti** è vasto e in costante
evoluzione, e può spesso sembrare travolgente. Ma è
importante ricordare che investire è meno una corsa e
più una maratona. Non si tratta solo di fare scelte
finanziarie intelligenti, ma anche di avere la pazienza e
la perseveranza di vedere quegli investimenti crescere e
maturare nel tempo.

La **comunicazione** emerge come elemento chiave in
tutto questo processo. Condividere paure, successi,
fallimenti e aspirazioni rende la pianificazione degli
investimenti meno una transazione e più un viaggio
condiviso. Mentre le scelte di investimento possono
avere implicazioni tangibili, come rendimenti o
perdite, la vera ricompensa è la fiducia e l'intimità che
si costruiscono nel processo.

Inoltre, in un'era di informazioni digitali e accesso
immediato, è fondamentale per le coppie **educarsi**.
Questo non significa diventare esperti finanziari, ma
avere una comprensione di base delle diverse opzioni
di investimento, dei rischi associati e di come
funzionano i mercati. L'istruzione finanziaria può
servire come baluardo contro decisioni affrettate o
impulsive.

Infine, sebbene investire per il futuro possa sembrare
principalmente una questione finanziaria, alla sua
radice è profondamente personale e emotivo. È un
riflesso delle speranze, dei sogni e delle aspirazioni di

una coppia. E mentre la ricchezza finanziaria è certamente un obiettivo, la vera ricchezza si trova nella condivisione di queste aspirazioni, nel sostegno reciproco e nella celebrazione dei traguardi raggiunti insieme.

In sintesi, mentre la prospettiva di pianificare investimenti congiunti può inizialmente sembrare complicata, con comunicazione, comprensione, pazienza e pianificazione, le coppie possono non solo navigare con successo nel paesaggio degli investimenti, ma anche costruire un futuro finanziario robusto e prospero insieme.

10. Risparmiare per la pensione • Conti pensionistici e altri strumenti di risparmio. • Calcolare quanto bisogna risparmiare.

Risparmiare per la Pensione: Un'Analisi Dettagliata

Il risparmio per la pensione è uno dei pilastri fondamentali della pianificazione finanziaria. Non solo assicura un reddito sostenibile in età avanzata, quando le capacità di guadagno potrebbero diminuire, ma contribuisce anche a una sensazione di sicurezza e benessere per gli anni futuri. Ecco un'analisi approfondita su come le coppie possono affrontare questo cruciale aspetto della pianificazione finanziaria.

1. Comprendere i Conti Pensionistici e Altri Strumenti di Risparmio Le opzioni per risparmiare per la pensione sono numerose e variano a seconda delle leggi e delle normative del paese di residenza. Ad esempio, in molti paesi, esistono conti pensionistici agevolati dal punto di vista fiscale, come i 401(k) negli Stati Uniti o i fondi pensione in molti paesi europei. Questi conti spesso offrono vantaggi fiscali che possono aiutare a massimizzare i risparmi nel tempo.

Al di fuori dei conti pensionistici, esistono anche altri strumenti di investimento, come conti di risparmio individuali, obbligazioni o azioni, che possono essere utilizzati per accumulare ricchezza nel corso degli anni.

2. Determinare l'Obiettivo di Risparmio Prima di determinare quanto risparmiare ogni mese o anno, è essenziale avere una chiara comprensione di quanto denaro sarà necessario in pensione. Questo può essere influenzato da vari fattori, come il costo della vita previsto, le spese mediche anticipate, i desideri di viaggio e altre spese personali.

3. Utilizzare Calcolatori Pensionistici Esistono numerosi calcolatori online che possono aiutare le coppie a determinare quanto risparmiare ogni anno per raggiungere i loro obiettivi pensionistici. Questi strumenti considerano variabili come l'età attuale, l'età prevista di pensionamento, il reddito attuale, gli investimenti esistenti e le aspettative di rendimento degli investimenti.

4. Risparmiare Presto e Regolarmente Un principio fondamentale del risparmio per la pensione è la "magia dell'interesse composto". In breve, più si inizia presto a risparmiare e ad investire, e più si fa con regolarità, maggiori saranno i rendimenti a lungo termine grazie agli interessi composti.

5. Rivedere e Adattarsi Come ogni altro aspetto della pianificazione finanziaria, anche il risparmio per la pensione necessita di revisioni periodiche. Le circostanze della vita cambiano: promozioni, licenziamenti, nascite, matrimoni, emergenze mediche, e così via. Questi eventi possono influenzare sia la capacità di risparmiare sia la quantità di denaro necessaria in pensione.

Conclusione Risparmiare per la pensione non è un'impresa da affrontare isolatamente, ma piuttosto una parte integrante di una strategia finanziaria ben arrotondata. Mentre la prospettiva può sembrare scoraggiante, con una pianificazione adeguata, informazione e disciplina, le coppie possono garantirsi un futuro finanziariamente sicuro e confortevole. L'obiettivo non è solo raggiungere la pensione, ma godersi pienamente gli anni dorati senza le preoccupazioni finanziarie.

Risparmiare per la Pensione: Oltre le Nozioni di Base

Mentre molte coppie sono consapevoli dell'importanza di risparmiare per la pensione, ci sono ulteriori sfaccettature e dettagli che potrebbero sfuggire anche ai più diligenti. Profondendo ulteriormente nel contesto del risparmio pensionistico, possiamo identificare diverse aree che meritano attenzione.

Inflazione e Potere d'Acquisto Uno degli aspetti spesso trascurati della pianificazione pensionistica è l'effetto dell'inflazione sul potere d'acquisto. Mentre un certo ammontare potrebbe sembrare sufficiente oggi, con il passare del tempo, l'inflazione può erodere il valore reale di quei risparmi. Quindi, è essenziale incorporare previsioni sull'inflazione quando si calcola quanto risparmiare.

Diversificazione degli Investimenti Il proverbio "non mettere tutte le uova nello stesso paniere" è particolarmente vero nel contesto degli investimenti pensionistici. Concentrare eccessivamente i risparmi in un singolo asset o classe di asset può esporre il capitale a rischi non necessari. La diversificazione, ovvero la distribuzione degli investimenti su diverse classi di asset, può aiutare a ridurre il rischio e garantire rendimenti più stabili nel tempo.

Considerare le Spese Post-Retirement Mentre risparmiare è essenziale, è altrettanto cruciale riflettere su come verranno spesi quei risparmi durante la pensione. Ad esempio, si prevede di viaggiare di più? O magari ci si aspetta di trascorrere più tempo a casa, magari coltivando hobby? Comprendere le proprie aspirazioni post-pensionamento può aiutare a delineare una strategia di risparmio più mirata.

Assicurazione Sanitaria e Spese Mediche Con l'avanzare dell'età, le spese mediche tendono ad aumentare. Sebbene in molti paesi vi sia una forma di assistenza sanitaria pubblica, avere una copertura assicurativa privata o risparmi dedicati alle spese mediche può offrire una maggiore tranquillità. E' fondamentale stimare i futuri bisogni medici e incorporarli nel piano di risparmio pensionistico.

Pianificazione Testamentaria e Successoria
Mentre l'obiettivo primario del risparmio pensionistico è garantire una vita confortevole durante la pensione, molte persone desiderano anche lasciare un'eredità ai loro cari. Questo implica una riflessione su come si desidera che i propri beni siano distribuiti dopo la propria scomparsa. Considerare questi aspetti in anticipo può aiutare a evitare complicazioni legali e fiscali in seguito.

Flessibilità e Adattabilità Infine, è importante ricordare che la pianificazione pensionistica non è un processo statico. Le circostanze della vita, le condizioni economiche e le priorità personali possono cambiare. Pertanto, è vitale avere un piano flessibile che possa essere adattato a nuove circostanze o esigenze che emergono lungo il percorso.

Risparmiare per la pensione è un viaggio che richiede impegno, riflessione e talvolta anche un po' di sacrificio. Tuttavia, con la dovuta attenzione ai dettagli e una comprensione profonda delle proprie esigenze e desideri, è possibile costruire un futuro finanziario solido e sereno.

Risparmiare per la pensione: Altri Angoli di Riflessione

L'Importanza del Tempo nel Risparmio Pensionistico Quando si tratta di risparmiare per la pensione, il tempo è una delle risorse più preziose. Iniziare a risparmiare e investire presto può sfruttare il potere dei rendimenti composti. Questo fenomeno finanziario permette ai tuoi risparmi di crescere in modo esponenziale nel tempo, poiché gli interessi guadagnati vengono reinvestiti e generano ulteriori interessi.

Strumenti Fiscali Agevolati Diversi paesi offrono strumenti di risparmio pensionistico con vantaggi fiscali. Ad esempio, potrebbero esserci conti o fondi che offrono detrazioni fiscali per i contributi, o che permettono ai guadagni di crescere liberi da tasse fino al momento del prelievo. Familiarizzare con tali strumenti e sfruttare al massimo i benefici fiscali può fare una grande differenza nella crescita del tuo capitale pensionistico.

L'Effetto dei Costi e delle Commissioni Nel mondo degli investimenti, le commissioni e i costi possono erodere notevolmente i rendimenti. Anche se una percentuale di commissione può sembrare piccola in superficie, nel corso degli anni può sommarsi e ridurre significativamente i guadagni totali. E' quindi cruciale scegliere prodotti di investimento con costi ragionevoli e tenere d'occhio le commissioni nel corso del tempo.

Rischi degli Investimenti Emotivi Quando si tratta di investire per la pensione, è essenziale avere una mentalità a lungo termine e non farsi guidare dalle emozioni. I mercati finanziari possono essere volatili e possono esserci periodi in cui gli investimenti scendono di valore. Tuttavia, prendere decisioni di investimento basate su reazioni emotive a brevi fluttuazioni di mercato può essere dannoso. È importante avere una chiara strategia di investimento e attenersi ad essa, indipendentemente dal clamore del mercato.

Considerazione dei Rischi Esterni Oltre ai rischi legati agli investimenti, ci sono anche rischi esterni che possono influenzare la capacità di una coppia di risparmiare per la pensione. Ad esempio, la perdita di un lavoro, una malattia o altre emergenze possono interrompere temporaneamente o permanentemente i contributi pensionistici. Avere un piano per gestire tali eventualità, come un'assicurazione adeguata o un fondo d'emergenza, può aiutare a navigare in questi periodi difficili senza compromettere gli obiettivi pensionistici.

L'Impatto della Longevità Con l'avanzare della medicina e delle tecnologie sanitarie, le persone vivono più a lungo. Mentre questo è certamente un bene, può anche significare che i risparmi pensionistici devono durare più a lungo. Calcolare le esigenze finanziarie tenendo conto di una vita potenzialmente più lunga può assicurarsi di non esaurire i risparmi durante gli anni della pensione.

Risparmiare in Contesti Economici Variabili

L'economia globale è in costante evoluzione. Ci possono essere periodi di crescita robusta seguiti da periodi di recessione. Adattare la strategia di risparmio e investimento a tali condizioni può essere la chiave per massimizzare i rendimenti e proteggere il capitale.

Conclusione sul Risparmiare per la Pensione

Il risparmio per la pensione rappresenta una delle più critiche e spesso trascurate componenti della pianificazione finanziaria di una coppia. Se affrontato con prudenza e previdenza, può assicurare una vecchiaia serena, con la certezza di poter mantenere uno stile di vita desiderato senza la costante preoccupazione delle risorse economiche.

Molti pensano alla pensione come un lontano obiettivo futuro, ma come abbiamo evidenziato, il vantaggio del tempo e la potenza dei rendimenti composti rendono cruciale l'iniziare il prima possibile. Iniziare presto non solo permette di accumulare una maggiore somma, ma concede anche una maggiore flessibilità nel corso del tempo, offrendo opportunità per adattarsi alle variazioni economiche e alle situazioni di vita impreviste.

Le commissioni e i costi associati agli investimenti, se non tenuti sotto controllo, possono erodere una parte significativa dei rendimenti. Una ricerca attenta e una consapevole scelta degli strumenti di investimento, insieme a una continua monitorizzazione, sono vitali per garantire che i fondi risparmiati lavorino al meglio per il futuro della coppia.

L'approccio al risparmio e all'investimento dovrebbe essere radicato in una solida comprensione dei propri obiettivi e desideri per il futuro, insieme a una chiara valutazione delle proprie capacità e tolleranza al rischio. Questa consapevolezza, combinata con la capacità di resistere alle tentazioni delle decisioni emotive, può far sì che una coppia navighi con successo attraverso la tumultuosa arena degli investimenti.

Inoltre, come abbiamo sottolineato, i risparmi per la pensione non dovrebbero essere visti isolatamente, ma come parte di una più ampia strategia finanziaria che considera le spese correnti, i debiti, gli obiettivi a breve e lungo termine, e le potenziali emergenze. Avere un'ampia visione e pianificare in anticipo per eventuali rischi esterni, come malattie o disoccupazione, assicura che gli obiettivi pensionistici non vengano descartati quando la vita presenta delle curve inaspettate.

Infine, risparmiare per la pensione non è solo una questione di numeri e percentuali, ma anche di visione e di valori. Una pianificazione efficace riflette ciò che una coppia considera importante per la loro vecchiaia, sia che si tratti di viaggiare, aiutare i propri cari, impegnarsi in cause caritatevoli o semplicemente godersi il ritmo lento e piacevole della vita quotidiana. Con la giusta preparazione e l'attenzione costante, il sogno di una pensione dorata può diventare una realtà tangibile per ogni coppia.

Tasse e Implicazioni Fiscali

Le tasse rappresentano una parte inevitabile della vita finanziaria di una coppia. Tuttavia, con la giusta pianificazione e conoscenza, è possibile minimizzare gli oneri fiscali e massimizzare le deduzioni e i crediti disponibili. Comprendere le tasse e le loro implicazioni non solo evita penalizzazioni indesiderate, ma può anche offrire opportunità per accrescere il proprio patrimonio nel tempo.

Ottimizzazione delle Deduzioni

Uno degli elementi chiave nella gestione delle tasse è saper identificare e ottimizzare le deduzioni a cui si ha diritto. Le deduzioni possono variare a seconda del regime fiscale del paese, ma spesso includono:

1. **Spese Mediche**: Molte giurisdizioni permettono di detrarre una parte delle spese mediche, soprattutto se superano una certa percentuale del reddito complessivo.

2. **Contributi Pensionistici**: Investire in determinati fondi pensione o conti di risparmio può offrire vantaggi fiscali immediati, riducendo il reddito imponibile.

3. **Interessi sui Prestiti Immobiliari**: In alcuni paesi, gli interessi pagati su un mutuo per la prima casa possono essere deducibili.

4. **Donazioni Benefiche**: Donare a enti di beneficenza o organizzazioni non profit potrebbe non solo aiutare una causa nobile, ma anche fornire una deduzione fiscale.

5. **Educazione**: Le spese legate all'istruzione, come le tasse scolastiche o gli interessi sui prestiti studenteschi, possono talvolta essere dedotte, incentivando ulteriori studi o formazione.

Pianificazione Fiscale per le Coppie

La pianificazione fiscale per le coppie è fondamentale, soprattutto se entrambi i partner hanno redditi significativi:

1. **Status di Imposizione**: Molte giurisdizioni offrono opzioni diverse per le coppie sposate, come "sposati che presentano congiuntamente" o "sposati che presentano separatamente". Ognuno ha pro e contro, e la scelta migliore dipende dalla situazione finanziaria specifica della coppia.

2. **Deduzioni e Agevolazioni Congiunte**: Alcune deduzioni possono essere maggiormente vantaggiose se fatte congiuntamente. Ad

esempio, se uno dei partner ha redditi minori o nessun reddito, potrebbe essere possibile trasferire alcune deduzioni all'altro partner.

3. **Investimenti e Implicazioni Fiscali**: Le coppie devono essere consapevoli delle implicazioni fiscali dei loro investimenti. Ad esempio, la vendita di proprietà o azioni può generare plusvalenze, che potrebbero essere tassate. La pianificazione può aiutare a minimizzare questi costi.

4. **Eredità e Donazioni**: Pianificare in anticipo può prevenire oneri fiscali elevati in caso di successione o donazioni. Alcune giurisdizioni offrono esenzioni o riduzioni fiscali per i trasferimenti tra coniugi o per donazioni a figli.

In conclusione, mentre le tasse possono sembrare una questione complicata e spesso frustrante, una solida comprensione e pianificazione possono trasformarle in un'opportunità. Con la giusta strategia, le coppie possono assicurarsi di non pagare più di quanto dovuto, proteggendo e accrescendo il loro patrimonio nel tempo.

La pianificazione fiscale non si limita soltanto a comprendere le varie deduzioni disponibili o a decidere come presentare le proprie dichiarazioni. In effetti, le strategie fiscali coinvolgono una comprensione più ampia del sistema fiscale e delle varie interazioni che si verificano all'interno del quadro finanziario di una coppia.

Benefici del Timing Fiscale

Il momento in cui si effettuano determinate transazioni finanziarie può influenzare l'importo delle tasse pagate. Ad esempio, ritardare la vendita di un'azione che ha avuto una crescita significativa fino all'anno fiscale successivo potrebbe permettere di rinviare il pagamento delle tasse sulle plusvalenze. Allo stesso modo, anticipare determinate spese deducibili alla fine dell'anno fiscale, come acquisti di attrezzature per un'impresa o donazioni benefiche, potrebbe consentire di ridurre il reddito imponibile dell'anno in corso.

Utilizzo di Crediti Fiscali

Oltre alle deduzioni, molte giurisdizioni offrono anche crediti fiscali che riducono direttamente l'imposta dovuta. Questi possono riguardare situazioni come investimenti in energie rinnovabili, spese per la cura dei figli o l'acquisto della prima casa. Le coppie dovrebbero esplorare tutte le opzioni disponibili e informarsi su come ottimizzare l'utilizzo di questi crediti.

Riconsiderare le Entrate e le Uscite

A volte, può essere vantaggioso riorganizzare le proprie fonti di reddito per ottenere vantaggi fiscali. Per esempio, piuttosto che ritirare denaro da un conto di investimento tassato, potrebbe essere più conveniente prendere un prestito o rinegoziare un'ipoteca, specie se gli interessi sono deducibili.

Comprensione delle Differenze Fiscali Regionali

In molte nazioni, le tasse non sono solo una questione nazionale. Esistono tasse regionali, provinciali o statali che possono variare notevolmente. Trasferirsi in una regione con un regime fiscale più favorevole potrebbe essere una considerazione per alcune coppie, specialmente se stanno pensando di acquistare una casa o di ritirarsi.

Pianificazione per Eventi di Vita

Eventi come matrimoni, nascite, decessi o divorzi possono avere significative implicazioni fiscali. È essenziale avere una strategia in atto per questi eventi, al fine di navigare nel sistema fiscale nel modo più efficiente possibile. Ad esempio, la nascita di un figlio potrebbe aprire la porta a nuovi crediti fiscali o deduzioni.

Interazione con Professionisti

La consulenza di un professionista fiscale può essere inestimabile. Contabili, consulenti fiscali o pianificatori finanziari possono offrire prospettive e consigli basati sulla situazione specifica di ogni coppia, garantendo che tutte le opportunità siano sfruttate e che ogni obbligo sia soddisfatto.

La gestione delle tasse è una sfida in continua evoluzione, con leggi e normative che cambiano regolarmente. Tuttavia, con la giusta attenzione e pianificazione, le coppie possono trasformare queste sfide in opportunità, garantendo una sicurezza finanziaria per il presente e il futuro.

Conclusione: Tasse e Implicazioni Fiscali per le Coppie

La gestione fiscale è un elemento cruciale della pianificazione finanziaria per le coppie. Essa rappresenta non solo una responsabilità verso lo Stato, ma anche un'opportunità per massimizzare le risorse finanziarie disponibili. Molti vedono il compito di affrontare le tasse come un compito arduo, ma, con un'adeguata preparazione e comprensione, è possibile trasformare questa percezione.

Responsabilità e Dovere Civico: Prima di tutto, pagare le tasse è un dovere civico. È attraverso le tasse che vengono finanziate molte delle infrastrutture e dei servizi pubblici di cui godiamo quotidianamente. Le coppie dovrebbero avere una chiara comprensione dei loro obblighi fiscali e assicurarsi di soddisfarli puntualmente.

Ottimizzazione e Strategia: Tuttavia, ciò non significa che non si debbano sfruttare le legittime opportunità per ridurre il carico fiscale. La differenza tra una pianificazione fiscale efficace e una non ottimale può tradursi in migliaia di euro spesi in più o risparmiati ogni anno. Deduzioni, crediti fiscali, e strategie di timing sono solo alcune delle molte tattiche che possono essere utilizzate per garantire che si paga soltanto ciò che è dovuto.

Comprensione e Aggiornamento Continuo: Le leggi fiscali sono in costante evoluzione. Ciò che era valido un anno potrebbe non esserlo l'anno successivo. Le coppie devono rimanere informate sulle ultime modifiche legislative, o almeno assicurarsi di consultare regolarmente un professionista fiscale che lo faccia per loro.

L'Importanza del Dialogo: All'interno della coppia, la comunicazione è fondamentale. Entrambi i partner dovrebbero essere coinvolti nel processo di pianificazione fiscale e avere una chiara comprensione della loro situazione fiscale complessiva. Questo non solo evita sorprese sgradevoli, ma aiuta anche a garantire che entrambe le parti siano sulla stessa lunghezza d'onda in termini di obiettivi e aspettative finanziarie.

In definitiva, affrontare le questioni fiscali con proattività, informazione e dialogo può tradursi in significativi benefici finanziari. La pianificazione fiscale non dovrebbe essere vista come un compito gravoso, ma piuttosto come un'opportunità di empowerment finanziario che consente alle coppie di costruire un futuro più sicuro e prospero.

12. Assicurazione e protezione patrimoniale • Considerazioni sulla polizza vita, salute e proprietà.

Assicurazione e Protezione Patrimoniale per le Coppie

Nel contesto della pianificazione finanziaria per le coppie, l'assicurazione gioca un ruolo cruciale nella protezione degli asset e nel garantire la sicurezza finanziaria. Essa fornisce un ammortizzatore contro eventi imprevisti che potrebbero avere gravi conseguenze economiche. Vediamo più in dettaglio:

1. Polizza Vita: La vita è imprevedibile. Una polizza vita può fornire sicurezza finanziaria alla famiglia in caso di morte prematura di uno dei partner. Ci sono vari tipi di polizze vita:

- **Termine:** Fornisce copertura per un periodo specifico e paga un beneficio solo se la persona assicurata muore durante quel periodo.

- **Vita Intera:** Offre una copertura a vita e include una componente di risparmio che si accumula nel tempo.

Quando si sceglie una polizza vita, è essenziale considerare la durata della copertura, l'ammontare del beneficio, i costi associati e le eventuali opzioni aggiuntive o esclusioni.

2. Assicurazione Salute: Con l'aumento dei costi sanitari, avere un'assicurazione sanitaria è diventato essenziale. Aiuta a coprire le spese mediche e ospedaliere, riducendo il rischio finanziario associato a malattie o infortuni.

- **Copertura Completa vs. Copertura Parziale:** Mentre alcune polizze offrono una copertura completa, altre potrebbero coprire solo specifiche malattie o trattamenti.

- **Extra e Opzioni:** Alcune polizze potrebbero offrire coperture aggiuntive come cure dentali, oculari o maternità.

3. Assicurazione sulla Proprietà: Se possiedi una casa o altri beni immobili, è prudente proteggere questi asset con una polizza assicurativa adeguata.

- **Assicurazione Casa:** Protegge la tua casa da danni causati da eventi come incendi, furti o calamità naturali. Potrebbe anche coprire la responsabilità civile se qualcuno si infortuna nella tua proprietà.

- **Assicurazione Auto:** Se possiedi un veicolo, una polizza auto ti protegge da danni o lesioni causate da un incidente. Le coperture variano ampiamente, quindi è importante selezionare quella giusta per le tue esigenze.

Conclusione: La decisione su quale assicurazione scegliere e quanto coprirsi dipende da vari fattori, tra cui l'età, il reddito, le circostanze di vita e la tolleranza al rischio. Tuttavia, al di là delle specifiche, la chiave è avere una comprensione chiara di ciò che si sta proteggendo e perché. Insieme, le assicurazioni forniscono una rete di sicurezza che può garantire tranquillità e protezione finanziaria contro gli imprevisti della vita. Pertanto, le coppie devono valutare e rivedere regolarmente le loro necessità assicurative per garantire che siano sempre adeguatamente protette.

Valutazione e Aggiustamento delle Polizze Assicurative

Per molte coppie, la scelta di una polizza assicurativa può sembrare una decisione una tantum. Tuttavia, con il passare del tempo e i cambiamenti nella situazione finanziaria e personale, è fondamentale rivedere e aggiustare regolarmente le coperture assicurative.

Fattori da Considerare nella Rivalutazione delle Assicurazioni:

- **Eventi di Vita Significativi:** Matrimonio, nascita di un figlio, acquisto di una nuova casa, o cambiamenti nel lavoro possono avere un impatto diretto sulle esigenze assicurative. Per esempio, la nascita di un figlio potrebbe richiedere un aumento della copertura della polizza vita.

- **Aumento del Patrimonio:** Con l'aumento dei guadagni e l'accumulo di più beni, aumenta anche la necessità di proteggere tali beni. Ad esempio, se hai acquisito gioielli di valore o opere d'arte, potresti voler considerare una polizza assicurativa specializzata per proteggere tali asset.

- **Investimenti in Proprietà:** Se hai effettuato significative ristrutturazioni o miglioramenti nella tua casa, il valore della proprietà potrebbe essere aumentato. Questo potrebbe significare che la copertura assicurativa originale potrebbe non essere più sufficiente.

- **Variazioni dei Tassi:** Il mercato assicurativo è in costante evoluzione. Nuovi prodotti vengono lanciati regolarmente e i tassi possono variare. E' una buona pratica confrontare periodicamente le tariffe per assicurarsi di ottenere il miglior rapporto qualità-prezzo.

- **Nuovi Rischi Emergenti:** Viviamo in un mondo in rapida evoluzione, e nuovi rischi emergono costantemente. Ad esempio, con l'aumento della digitalizzazione, la protezione contro i rischi cibernetici potrebbe diventare sempre più rilevante. Anche fenomeni naturali come l'aumento delle inondazioni o degli incendi possono richiedere una riconsiderazione della copertura assicurativa.

- **Evoluzione delle Esigenze Sanitarie:** Con l'avanzare dell'età o l'emergere di condizioni mediche, le esigenze sanitarie possono cambiare. Questo potrebbe influenzare la tipologia e la copertura dell'assicurazione sanitaria necessaria.

Pianificazione e Consulenza:

Affinché le coppie possano navigare con successo nel complesso mondo delle assicurazioni, potrebbe essere utile avvalersi dei servizi di un consulente assicurativo. Questi esperti possono fornire una guida preziosa, aiutando le coppie a identificare le coperture più appropriate per le loro esigenze specifiche e adattando le polizze esistenti quando necessario.

Inoltre, anche se potrebbe sembrare un costo aggiuntivo, investire in una consulenza qualificata può risparmiare denaro a lungo termine. Un'assicurazione inadeguata potrebbe risultare in coperture insufficienti in caso di sinistro, mentre una sovrassicurazione potrebbe significare pagamenti premio inutilmente alti. Un equilibrio ottimale, basato su una comprensione chiara delle esigenze personali, è quindi cruciale.

La Protezione degli Asset e l'Assicurazione Patrimoniale

Le polizze assicurative non sono solo strumenti per tutelare la propria vita o salute, ma anche per proteggere i propri beni materiali. La sicurezza patrimoniale riguarda l'adozione di misure preventive per garantire che gli asset personali siano protetti da eventi imprevisti, come disastri naturali, furti o incidenti.

Tipologie di Assicurazione Patrimoniale:

- **Assicurazione sulla Casa:** Questa copre la tua proprietà da danni causati da incendi, inondazioni, terremoti e altri disastri naturali. Alcune polizze includono anche la protezione contro il furto.

- **Assicurazione Auto:** Protegge da danni alla tua auto in caso di incidenti o altri eventi, come il furto. Oltre ai danni al veicolo, copre anche la responsabilità civile per lesioni a terzi o danni a proprietà altrui.

- **Assicurazione di Responsabilità Civile:** Se una terza parte subisce danni a causa delle tue azioni o delle condizioni della tua proprietà, questa assicurazione coprirà le spese legali e i risarcimenti.

- **Assicurazione Antifurto:** Specifica per proteggere determinati beni, come gioielli o opere d'arte, dal furto.

Considerazioni sul Rinnovo e sull'Aggiornamento delle Polizze:

Le circostanze della vita cambiano e, con esse, anche le necessità assicurative. È fondamentale rivedere regolarmente le proprie polizze per assicurarsi che rispecchino le attuali esigenze.

- **Cambio di Residenza:** Se ti trasferisci, potresti aver bisogno di una copertura diversa, specialmente se ti sposti in un'area con rischi naturali diversi, come zone sismiche o inondabili.

- **Acquisto di Nuovi Beni:** L'acquisto di beni di valore, come un'auto nuova o gioielli, può richiedere l'aggiunta di coperture assicurative specifiche.

- **Modifiche alla Proprietà:** Qualsiasi modifica significativa apportata alla tua proprietà, come ristrutturazioni o ampliamenti, potrebbe alterare il valore della stessa e richiedere un aggiornamento della polizza assicurativa.

Assicurazioni e Inflazione:

La protezione assicurativa che potrebbe essere stata adeguata 10 anni fa potrebbe non esserlo oggi a causa dell'inflazione. La capacità di acquisto del denaro diminuisce nel tempo, e questo potrebbe influenzare la somma assicurata necessaria per coprire un determinato bene.

Considerazione dei Benefici Aggiuntivi:

Molte assicurazioni offrono coperture aggiuntive, come l'assistenza stradale per le polizze auto o servizi di emergenza domiciliare per le assicurazioni sulla casa.

Questi benefici aggiuntivi possono offrire un ulteriore livello di comfort e protezione.

Conclusione Dettagliata su Assicurazione e Protezione Patrimoniale:

L'assicurazione e la protezione patrimoniale rappresentano pilastri fondamentali nella gestione delle finanze personali e familiari. La capacità di proteggere ciò che è stato costruito nel corso degli anni da possibili calamità, incidenti o azioni di terzi è essenziale per garantire una tranquillità finanziaria a lungo termine.

1. **Importanza della Protezione:** La vita è imprevedibile. Dagli incidenti stradali alle catastrofi naturali, passando per le malattie e i furti, sono numerose le situazioni che possono mettere a rischio il benessere economico e patrimoniale di una persona o di una famiglia. Assicurarsi protegge non solo dal punto di vista economico, ma offre anche pace mentale sapendo che, in caso di eventi avversi, esiste una rete di sicurezza finanziaria su cui fare affidamento.

2. **Scelta delle Polizze:** Ogni individuo ha esigenze diverse, e la gamma di polizze disponibili sul mercato è vasta. Che si tratti di proteggere la propria abitazione, il proprio veicolo, gli oggetti preziosi o la salute, è fondamentale scegliere con cura le coperture,

assicurandosi che queste rispondano alle esigenze personali e che offrano un equilibrio tra costo e benefici.

3. **Rivedere e Aggiornare:** Le circostanze della vita cambiano: matrimonio, nascite, acquisti importanti, traslochi, cambi di lavoro, e così via. Queste variazioni possono influire sulle esigenze assicurative. Di conseguenza, è di fondamentale importanza rivedere periodicamente le proprie polizze, assicurandosi che siano sempre aggiornate e rispecchino le attuali circostanze di vita.

4. **Visione a Lungo Termine:** L'assicurazione non dovrebbe essere vista solo come una spesa, ma come un investimento a lungo termine per proteggere il futuro. Ad esempio, una polizza vita può garantire che la famiglia sia protetta finanziariamente in caso di eventi tragici, mentre un'assicurazione sulla proprietà può proteggere l'investimento più grande di molte persone: la loro casa.

5. **Deduzione Fiscale e Vantaggi:** In molti paesi, certi tipi di assicurazioni offrono vantaggi fiscali. Ad esempio, le premie versate per determinate polizze possono essere deducibili dalle tasse, rappresentando un ulteriore

incentivo per proteggere adeguatamente se stessi
e i propri beni.

6. **Rischi dell'Inadeguatezza:** Non avere
   un'assicurazione adeguata o non avere
   assicurazione affatto può portare a gravi
   conseguenze finanziarie. In caso di incidenti o
   danni, le spese potrebbero diventare
   insostenibili, portando a difficoltà economiche o,
   nel peggiore dei casi, al fallimento personale.

In conclusione, mentre la gestione del denaro e la
pianificazione finanziaria riguardano la crescita e la
conservazione del patrimonio, la protezione
patrimoniale e le assicurazioni sono strumenti
indispensabili per garantire che questi sforzi non
vengano vanificati da eventi imprevisti. Proteggere se
stessi, la propria famiglia e i propri beni dovrebbe
essere una priorità per tutti, indipendentemente dalla
propria situazione finanziaria.

13. Pianificazione successoria • Testamenti, trust e pianificazione dell'eredità.

Nel contesto finanziario e legale, la pianificazione successoria è uno degli aspetti più importanti, ma spesso trascurati, della gestione delle finanze personali e familiari. Questo processo non solo garantisce che le volontà dell'individuo vengano rispettate dopo la sua morte, ma serve anche a minimizzare le complicazioni, le tensioni e le spese legali per i propri cari.

Testamenti: Il testamento è un documento legale che stabilisce come un individuo desidera che la sua proprietà e i suoi beni vengano distribuiti dopo la sua morte. Essenziale per assicurarsi che la divisione dei beni avvenga secondo le proprie volontà, un testamento chiaramente redatto può anche aiutare a prevenire dispute familiari. In assenza di un testamento, la distribuzione dei beni viene decisa secondo le leggi statali di successione, che potrebbero non riflettere le reali intenzioni del defunto.

Trust: Un trust è uno strumento legale che permette a un individuo di separare i suoi beni dal suo patrimonio personale, affinché possano essere gestiti da un terzo (il trustee) per il beneficio di destinatari specificati. I trust possono essere utilizzati per vari scopi, come minimizzare le tasse, proteggere i beni da creditori o assicurare che determinati beni vengano utilizzati in un modo particolare (ad esempio, per l'istruzione di un nipote). Esistono diversi tipi di trust, ciascuno con caratteristiche e benefici specifici, come il revocable living trust o l'irrevocable trust.

Pianificazione dell'eredità: Oltre alla distribuzione dei beni, la pianificazione successoria può anche affrontare questioni come la cura dei figli minori, la designazione di esecutori testamentari e la gestione di beni specifici. Può anche includere strumenti come l'assegnazione di procuratori in materia di salute o finanziaria, che danno a un individuo designato l'autorità di prendere decisioni mediche o finanziarie in nome dell'individuo in caso di incapacità.

Alcuni altri punti chiave da considerare:

- **Minimizzazione delle Tasse:** Una pianificazione successoria accurata può aiutare a ridurre le tasse sulla successione o sull'eredità. Utilizzando donazioni, trust o altre strategie, è possibile trasferire beni in modo da minimizzare l'onere fiscale per gli eredi.

- **Evitare Lunghi Processi Giuridici:** Con una pianificazione adeguata, si può evitare che il patrimonio passi attraverso un lungo e costoso processo giudiziario, noto come probate o successione legale, che potrebbe ritardare la distribuzione dei beni agli eredi.

- **Clarity e Pace della Mente:** Sapere che ci si è presi cura delle proprie volontà e che i propri cari saranno protetti e avranno una guida chiara in un momento di dolore può fornire una grande pace della mente.

In conclusione, la pianificazione successoria non riguarda solo i beni e il patrimonio, ma anche la protezione e la cura dei propri cari. Affrontare queste questioni in anticipo, con l'aiuto di professionisti competenti, può garantire che le volontà dell'individuo vengano rispettate e che la transizione sia il più fluida e indolore possibile per la famiglia e gli eredi.

Nel mondo della pianificazione successoria, ci sono molti aspetti sottili e sfumature che spesso non vengono considerati dai profani. La profondità di questo argomento è tale che molte persone possono non rendersi conto di potenziali trappole o opportunità mancate finché non è troppo tardi.

Donazioni in Vita: Mentre molti pensano alla pianificazione successoria come qualcosa che riguarda esclusivamente la distribuzione dei beni dopo la morte, esistono numerose strategie che possono essere messe in atto mentre si è ancora in vita. Fare donazioni in vita, ad esempio, può essere un modo efficace per ridurre il valore complessivo del proprio patrimonio, minimizzando potenziali tasse sulla successione. Inoltre, regalare beni in vita può essere un modo gratificante per vedere i benefici di questi doni mentre si è ancora in grado di farlo.

Considerazioni sulla Beneficenza: Alcune persone scelgono di includere organizzazioni benefiche nei loro piani successori. Questo non solo aiuta cause caritatevoli, ma può anche offrire benefici fiscali. Ad esempio, creare un trust caritatevole può fornire una corrente di reddito per il donatore o per altri beneficiari, con il resto dei beni che vanno a un'organizzazione benefica alla fine.

Valutazione dei Beni Non Tangibili: Mentre molti si concentrano sui beni tangibili come case, automobili o conti bancari, non bisogna trascurare i beni non tangibili. Questi possono includere diritti d'autore, brevetti, royalties o perfino la propria presenza online e account digitali. Assicurarsi di avere piani in atto per questi beni è cruciale in un'era sempre più digitale.

Protezione dai Creditori: Per coloro che possiedono imprese o hanno una notevole ricchezza, la protezione dai creditori può essere una preoccupazione primaria. Strumenti come trust di protezione dai creditori possono essere istituiti per salvaguardare determinati beni da potenziali azioni legali o creditori.

Aspetti Internazionali: Per quelle persone che possiedono proprietà in più paesi o hanno beneficiari che vivono all'estero, la pianificazione successoria può diventare particolarmente complessa. Diverse nazioni hanno leggi diverse riguardanti la successione, e ciò che funziona in un paese potrebbe non essere valido in un altro. Pertanto, avere una comprensione approfondita delle leggi internazionali in materia di successione è essenziale.

Considerazioni Culturali: Oltre agli aspetti legali e finanziari della pianificazione successoria, è importante considerare anche le sensibilità culturali. Diverse culture hanno diverse tradizioni e aspettative riguardo alla successione, e ciò che è accettabile o normale in una cultura potrebbe essere visto come inappropriato o offensivo in un'altra.

Infine, mentre la pianificazione successoria può sembrare un compito arduo e potenzialmente sgradevole, è essenzialmente un atto di amore e cura. Si tratta di garantire che, anche quando non si è più in grado di esprimere le proprie volontà, si possa ancora avere una voce nelle decisioni che riguardano i propri beni e i propri cari. E, data la complessità di molti aspetti della pianificazione successoria, è altamente consigliabile cercare la consulenza di esperti nel campo.

Aspetti Fiscali e Tasse: Quando si parla di pianificazione successoria, non si può non menzionare l'impatto fiscale che la successione può avere. Ogni paese ha una sua normativa specifica riguardo alle imposte sulla successione. In alcuni paesi, le tasse possono essere particolarmente gravose, motivo per cui è fondamentale una pianificazione attenta. Esistono strumenti legali, come trust o fondazioni, che possono aiutare a minimizzare il carico fiscale, ma devono essere gestiti correttamente.

Pianificazione Sanitaria: Un'altra considerazione nella pianificazione successoria è quella di chi avrà il potere decisionale in caso di incapacità mentale o fisica. Le direttive anticipate, anche conosciute come testamento biologico, permettono alle persone di specificare in anticipo quale tipo di cure mediche vorrebbero ricevere, o non ricevere, in determinate circostanze. Questo può aiutare ad evitare conflitti tra i familiari in momenti già stressanti.

Aspetti Legali dei Trust: Mentre i trust sono strumenti comuni nella pianificazione successoria, la loro natura legale può variare da una giurisdizione all'altra. Ad esempio, in alcune giurisdizioni, i trust revocabili possono offrire benefici fiscali, mentre in altre potrebbero non esserci tali vantaggi. Capire le specifiche legali del luogo in cui si vive è fondamentale.

Gestione degli Affari Personali: Al di là della distribuzione dei beni, c'è anche da considerare chi si occuperà degli affari personali una volta che non si è più in grado di farlo. Questo può includere tutto, dalla gestione di proprietà immobiliari, alla gestione degli account bancari e degli investimenti. Un procuratore duraturo o un mandatario con potere di rappresentanza possono essere designati per gestire questi affari.

Cambiamenti nelle Circostanze Familiari: La vita è imprevedibile e le circostanze familiari possono cambiare. Divorzi, nuovi matrimoni, nascite o morti nella famiglia possono avere un impatto significativo sui piani successori esistenti. Per questo motivo, è vitale rivedere e aggiornare regolarmente la pianificazione successoria per garantire che rifletta ancora le intenzioni e le circostanze attuali.

Beneficiari Minori: Se tra i beneficiari ci sono minori, potrebbero sorgere complicazioni. Ad esempio, la maggior parte delle giurisdizioni non permette a un minore di prendere direttamente possesso di un'eredità. Ciò significa che potrebbero essere necessarie disposizioni speciali, come un trust o un tutore, fino a quando il minore non raggiunge la maggiore età.

Aspetti Emotivi della Pianificazione: La pianificazione successoria non è solo una questione di numeri e legge; è anche un processo profondamente emotivo. Considerare la propria mortalità può essere difficile, e può anche suscitare tensioni familiari se i membri della famiglia hanno opinioni diverse su come dovrebbero essere distribuiti i beni. Ecco perché è essenziale affrontare questi aspetti emotivi con sensibilità e attenzione.

La pianificazione successoria rappresenta un complesso incrocio tra legge, finanza e emozione, atto a garantire che gli asset e le proprietà di un individuo vengano distribuiti secondo le sue volontà dopo la sua scomparsa. La sua importanza trascende la semplice allocazione di beni: si tratta di assicurarsi che le generazioni future siano curate, che gli obblighi fiscali siano minimizzati e che eventuali tensioni o conflitti familiari siano evitati o quantomeno attenuati.

Primo, la dimensione legale. La redazione di testamenti, la creazione di trust e la comprensione delle leggi sulla successione specifiche della propria giurisdizione sono fondamentali. Ogni dettaglio non curato o mal interpretato può portare a litigi legali prolungati e costosi, spesso in tribunale, tra i beneficiari.

Secondo, l'aspetto fiscale. Una pianificazione successoria ben eseguita può significare una significativa riduzione delle tasse sulla successione, assicurando che una porzione maggiore degli asset passi ai beneficiari piuttosto che all'erario. Questo necessita di una profonda comprensione dei codici fiscali, dei regimi di esenzione e dei diversi strumenti a disposizione, come trust o fondazioni, che possono offrire vantaggi fiscali.

Terzo, la dimensione personale ed emotiva. La pianificazione della successione non riguarda solo il testatore, ma anche i beneficiari e altri membri della famiglia. La chiarezza nelle intenzioni, la trasparenza nel processo e l'apertura al dialogo sono essenziali per garantire che il processo si svolga il più agevolmente possibile. Questo richiede delicatezza, empatia e, in alcuni casi, la volontà di affrontare e risolvere tensioni familiari preesistenti.

In conclusione, la pianificazione successoria è un'attività multidimensionale che richiede una combinazione di competenze legali, finanziarie e interpersonali. Se eseguita correttamente, può garantire che le volontà del testatore vengano rispettate, che i beneficiari ricevano il massimo possibile e che il processo di trasferimento degli asset avvenga con il minimo di stress e conflitto. Come in ogni aspetto importante della vita, la pianificazione anticipata, l'attenzione ai dettagli e la disponibilità a cercare consigli e assistenza professionali sono essenziali per una pianificazione successoria efficace.

14. Gestire le sfide finanziarie • Affrontare
disoccupazione, malattie o altri imprevisti.

- continua fornendomi informazioni sempre
  diverse riguardo questo punto nel modo piu'
  lungo e dettagliato possibile, senza capitoli e
  senza concludere il punto -

Le sfide finanziarie possono presentarsi in molti modi
e spesso arrivano inaspettatamente. La capacità di una
coppia di affrontare queste sfide può determinare non
solo la loro stabilità finanziaria, ma anche la solidità
della loro relazione.

Affrontare la disoccupazione, ad esempio, può essere
una delle prove più ardue per una coppia. Quando uno
dei partner perde il lavoro, l'intero bilancio familiare
può essere sconvolto. La chiave è la preparazione.
Avere un fondo di emergenza, come già menzionato,
può aiutare a coprire le spese per almeno tre-sei mesi.
Ma non si tratta solo di denaro; la disoccupazione può
anche portare a stress, insicurezza e tensioni nella
coppia. E' essenziale comunicare apertamente,
sostenersi a vicenda e cercare attivamente soluzioni
insieme.

Le malattie, dall'altra parte, possono presentare sia
sfide finanziarie che emotive. Oltre ai costi medici
diretti, potrebbero esserci perdite di reddito se uno dei

partner non può lavorare. Ancora una volta, avere un'assicurazione sanitaria adeguata e un fondo di emergenza può fare la differenza. Inoltre, valutare le opzioni disponibili, come l'assistenza pubblica o i programmi di beneficenza, può fornire un sollievo finanziario.

Oltre alla disoccupazione e alle malattie, ci sono molti altri imprevisti che possono presentarsi. Potrebbe trattarsi di danni alla proprietà causati da calamità naturali, spese legali inaspettate o persino la perdita di un familiare. In ogni scenario, il principio guida dovrebbe essere la preparazione. Questo non significa vivere in uno stato di costante preoccupazione, ma piuttosto avere una visione proattiva delle finanze.

Un altro aspetto cruciale è l'educazione finanziaria. Mantenersi informati e aggiornati su temi finanziari, frequentare seminari, leggere libri o articoli, o anche consultare un consulente finanziario, può offrire le competenze e la fiducia necessarie per navigare in periodi finanziari incerti.

Inoltre, in tempi di crisi, potrebbe essere utile ridimensionare lo stile di vita. Questo potrebbe includere la revisione delle spese non essenziali, la considerazione di fonti di reddito alternativo o la rinegoziazione di termini con creditori e fornitori di servizi.

Infine, è fondamentale evitare decisioni affrettate o guidate dall'emozione. In momenti di stress finanziario, le decisioni impulsive possono exacerbare la situazione. Prendersi il tempo per valutare ogni opzione, cercare consigli esterni e considerare le implicazioni a lungo termine di ogni decisione può aiutare a garantire che le sfide finanziarie siano gestite nel modo più efficace possibile.

Le sfide finanziarie, in quanto intrinsecamente legate alla vita di una coppia, richiedono un approccio integrato che va oltre la semplice gestione del denaro. Molte coppie, ad esempio, non anticipano i cambiamenti che possono verificarsi nel corso della loro relazione, come l'arrivo di un figlio, una scelta di carriera inaspettata o un trasloco in un'altra città o paese. Queste decisioni, pur essendo spesso prese per migliorare la qualità della vita o per inseguire un sogno, possono portare a sfide finanziarie impreviste.

Una delle strategie fondamentali è la flessibilità. In un mondo in costante evoluzione, avere un piano finanziario rigido potrebbe non essere l'approccio ottimale. Le coppie dovrebbero, invece, adottare una mentalità aperta, pronta ad adattarsi alle nuove circostanze. Questo potrebbe significare rivalutare periodicamente il proprio budget, considerare nuovi investimenti o esplorare nuove fonti di reddito.

L'alfabetizzazione finanziaria gioca anche un ruolo chiave. Conoscere i propri diritti, ad esempio, in caso di disoccupazione, può garantire l'accesso a benefici o sostegni economici previsti dalla legge. Inoltre, in un'era di rapida digitalizzazione, le coppie dovrebbero essere consapevoli delle nuove soluzioni finanziarie e tecnologiche disponibili, come le app di gestione del denaro, piattaforme di investimento online o programmi di fidelizzazione.

Un altro punto da considerare è l'importanza di una rete di sostegno. Familiari, amici e comunità possono offrire una rete di sicurezza sia finanziaria che emotiva. In alcune culture, ad esempio, è comune per le famiglie estese aiutarsi a vicenda in caso di difficoltà finanziarie. Questo tipo di sostegno può essere inestimabile durante i periodi di crisi.

Inoltre, le coppie potrebbero considerare di diversificare le loro fonti di reddito. Ad esempio, se entrambi i partner lavorano nello stesso settore o nella stessa azienda, potrebbero essere esposti a un rischio maggiore in caso di crisi in quel particolare settore. Avere fonti di reddito diverse o competenze trasferibili può fornire una maggiore sicurezza finanziaria.

Infine, in tempi di incertezza finanziaria, potrebbe essere utile adottare una mentalità a lungo termine. Anche se le sfide immediate possono sembrare schiaccianti, è essenziale ricordare che le situazioni possono e spesso cambiano. Avere una visione a lungo termine può aiutare a mettere le cose in prospettiva e a tracciare una rotta chiara verso la stabilità finanziaria futura.

La capacità di gestire le sfide finanziarie in modo efficace è spesso influenzata dalla prospettiva emotiva con cui una coppia si avvicina al denaro. L'ansia finanziaria, ad esempio, può essere una grande fonte di stress per molte persone. Questo stress, se non affrontato, può influire non solo sul benessere finanziario ma anche sulla salute mentale e fisica di entrambi i partner. Ecco perché è essenziale avere delle tecniche di coping e strategie di gestione dello stress a disposizione, come la meditazione, lo yoga, o anche semplici esercizi di respirazione. Questi possono aiutare a mantenere una mente lucida durante i momenti di crisi e a prendere decisioni ponderate.

Un altro aspetto cruciale della gestione delle sfide finanziarie è l'educazione continua. Viviamo in un mondo in cui le condizioni economiche e i mercati finanziari sono in costante evoluzione. Partecipare a seminari, leggere libri o articoli, o anche solo discutere con consulenti finanziari può fornire una visione aggiornata delle migliori pratiche e delle nuove opportunità.

La diversificazione delle risorse è anche un punto chiave. Oltre a diversificare le fonti di reddito, come menzionato in precedenza, è fondamentale diversificare gli investimenti. Invece di mettere tutte le uova nello stesso paniere, distribuire gli investimenti in diverse classi di attività può aiutare a minimizzare i rischi.

Altrettanto importante è avere un piano di riserva. Oltre ai fondi di emergenza, che dovrebbero coprire le spese di base per almeno tre-sei mesi, è bene avere un piano d'azione in caso di eventi imprevisti. Questo potrebbe includere l'identificazione di possibili fonti di prestito, come amici, familiari o istituti di credito, o la considerazione di vendere beni non essenziali in caso di necessità.

Anche il coinvolgimento di esperti può essere prezioso. Se una coppia si trova in una situazione particolarmente difficile, potrebbe essere utile consultare un consulente finanziario, un avvocato o un altro professionista. Essi possono offrire una visione esterna e obiettiva della situazione e proporre soluzioni che potrebbero non essere state considerate.

Infine, le coppie dovrebbero cercare di non perdere di vista ciò che conta davvero. Sebbene le sfide finanziarie possano essere difficili, è importante ricordare che la relazione e il benessere reciproco sono al centro di tutto. A volte, ciò potrebbe significare rivedere le priorità, accettare temporanei compromessi o trovare nuovi modi per godersi la vita senza spendere eccessivamente. In fin dei conti, è l'amore, la comprensione e la determinazione a superare le avversità insieme che renderanno una coppia più forte.

Una delle questioni centrali nella gestione delle sfide finanziarie riguarda la resilienza, ovvero la capacità di adattarsi e superare le avversità. La resilienza finanziaria non è solo una questione di risorse, ma anche di mentalità. Avere la capacità di guardare avanti, rimanere positivi e ricercare proattivamente soluzioni può fare una grande differenza nei momenti difficili.

Le reti di sostegno possono svolgere un ruolo cruciale. Amici, famiglia e comunità possono offrire aiuto in varie forme: non solo finanziariamente, ma anche sotto forma di consigli, risorse o semplice supporto emotivo. Creare e mantenere queste reti può offrire una certa sicurezza in momenti di incertezza.

Un'altra considerazione importante è la necessità di evitare trappole finanziarie. Ad esempio, in periodi di tensione economica, potrebbe essere tentante ricorrere a soluzioni rapide come prestiti ad alto interesse o carte di credito con elevati tassi. Sebbene possano offrire sollievo a breve termine, a lungo termine possono creare ulteriori problemi finanziari. E' fondamentale valutare attentamente tali opzioni e considerare le loro implicazioni a lungo termine.

La flessibilità è un altro aspetto fondamentale. Questo può significare riconsiderare il proprio stile di vita, ridurre le spese non essenziali o cercare nuove fonti di reddito. In alcune situazioni, potrebbe essere opportuno considerare la formazione professionale per acquisire nuove competenze o entrare in un settore del lavoro diverso. Anche piccole modifiche, come trovare modi creativi per risparmiare o generare piccole entrate aggiuntive, possono sommarsi e fare una grande differenza.

La comunicazione tra partner è essenziale, specialmente in tempi di crisi. Le difficoltà finanziarie possono causare tensioni in una relazione. Parlare apertamente dei problemi, delle preoccupazioni e delle potenziali soluzioni può aiutare a prevenire malintesi e a garantire che entrambi i partner siano sulla stessa lunghezza d'onda.

Infine, è utile avere una visione a lungo termine. Anche se la situazione attuale può sembrare difficile, è importante ricordare che le circostanze possono cambiare. Avere un'idea chiara degli obiettivi finanziari, mantenere la speranza e lavorare con determinazione verso quei traguardi può aiutare a navigare attraverso le sfide e a emergere dall'altra parte in una posizione migliore.

La gestione delle sfide finanziarie richiede una combinazione di strategie pratiche, una mentalità resiliente e una prospettiva orientata al futuro. Le crisi finanziarie, sia che siano il risultato di imprevisti personali come la perdita di un lavoro o la malattia, sia che derivino da circostanze più ampie come recessioni economiche o calamità naturali, possono avere ripercussioni profonde sulla stabilità economica e emotiva di un individuo o di una famiglia.

Resilienza Finanziaria: La chiave per superare queste sfide è sviluppare e mantenere una resilienza finanziaria. Questo non significa solo avere risparmi da parte (anche se questo è certamente un componente importante), ma anche la capacità di adattarsi rapidamente ai cambiamenti, rivedere e riadattare le proprie priorità finanziarie, e cercare nuove opportunità o soluzioni di fronte alle avversità.

Rete di Sostegno: La costruzione di reti di sostegno può essere fondamentale in questi momenti. Queste reti possono includere amici, familiari, consulenti finanziari, organizzazioni caritative e comunitarie, e possono offrire una vasta gamma di risorse, da prestiti finanziari a formazione professionale, a sostegno morale e emotivo.

Evitare Decisioni Precipitose: Durante le sfide finanziarie, può essere facile prendere decisioni affrettate in cerca di sollievo immediato, come accedere a prestiti predatori o ritirare anticipatamente i risparmi pensionistici. E' essenziale evitare decisioni impulsive, prendersi il tempo per valutare tutte le opzioni, e quando possibile, cercare consiglio da esperti finanziari di fiducia.

Comunicazione: In un contesto di coppia o di famiglia, la comunicazione diventa ancora più cruciale. Le tensioni finanziarie possono esacerbare le tensioni relazionali, quindi è vitale mantenere linee di comunicazione aperte, oneste e costruttive. Questo aiuta a garantire che tutte le parti siano informate e si sentano ascoltate, permettendo una pianificazione e decisione collettiva.

Prospettiva a Lungo Termine: Infine, pur riconoscendo l'importanza di affrontare le immediate sfide finanziarie, è essenziale non perdere di vista gli obiettivi a lungo termine. Questo può significare continuare a risparmiare per la pensione, investire nell'istruzione dei figli, o qualsiasi altro obiettivo importante, anche se a un ritmo ridotto.

In sintesi, affrontare le sfide finanziarie richiede sia l'abilità pratica di gestire le risorse esistenti in modo efficace, sia la mentalità di rimanere determinati, positivi e orientati al futuro nonostante le circostanze avverse. Con le giuste strategie, risorse e sostegno, è possibile navigare attraverso le tempeste finanziarie e costruire un futuro finanziario solido e sicuro.

15. Rivedere e aggiornare il budget • L'importanza della revisione periodica. • Adattarsi ai cambiamenti nella vita e nelle finanze.

La creazione di un budget è un passo essenziale per la gestione finanziaria responsabile, ma è altrettanto fondamentale rivedere e aggiornare periodicamente quel budget. Come con qualsiasi piano, le variabili possono cambiare nel tempo, e un budget che funzionava perfettamente sei mesi o un anno fa potrebbe non essere più adatto alle attuali circostanze della vita o alle condizioni finanziarie. Ecco perché è cruciale adottare un approccio dinamico alla gestione del budget.

La Dinamica della Vita e delle Finanze: La vita è in costante evoluzione. Puoi ricevere un aumento salariale, cambiare lavoro, avere un figlio, acquistare una casa, subire una malattia o incontrare innumerevoli altri eventi che influenzano direttamente le tue finanze. Anche piccoli cambiamenti, come un aumento del costo della vita o una variazione delle spese di routine, possono influire sulla tua capacità di rispettare il budget. Questi cambiamenti sottolineano l'importanza di rivedere il budget con regolarità.

Frequenza della Revisione: Sebbene la frequenza di revisione possa variare da persona a persona, una buona pratica generale potrebbe essere quella di dare un'occhiata al proprio budget ogni mese e di effettuare una revisione approfondita ogni trimestre o semestre. Questo ti permette di adattarti rapidamente ai cambiamenti e di correggere eventuali problemi prima che diventino insormontabili.

Uso di Strumenti e Tecnologie: Grazie alle moderne tecnologie, ci sono molte applicazioni e software che possono aiutare nella revisione e nell'aggiornamento del budget. Questi strumenti possono tracciare le spese in tempo reale, offrire analisi e grafici sulle tendenze di spesa e fornire suggerimenti su dove poter risparmiare. Utilizzarli può rendere il processo di revisione molto più agevole e informativo.

Mettersi in Discussione e Imparare: Ogni volta che esamini il tuo budget, poni delle domande critiche. Stai raggiungendo i tuoi obiettivi finanziari? Ci sono spese superflue che puoi tagliare? Esistono nuove fonti di reddito o opportunità di investimento che dovresti considerare? Questo esame auto-critico può portare a scoperte che potrebbero migliorare notevolmente la tua salute finanziaria.

Ascolto e Collaborazione: Se stai gestendo un budget familiare, la revisione è anche un'opportunità per sedersi con il partner o con altri membri della famiglia e discutere apertamente delle finanze. Questo può rafforzare la comprensione reciproca, allineare gli obiettivi e garantire che tutti siano sulla stessa lunghezza d'onda.

In conclusione, il budget non è un documento statico, ma piuttosto uno strumento vivente che deve essere adattato e affinato per riflettere la realtà in continua evoluzione delle tue finanze personali. La revisione e l'aggiornamento regolari assicurano che rimanga rilevante e efficace, consentendoti di navigare con successo attraverso le mutevoli acque delle finanze personali.

La revisione e l'aggiornamento del budget non sono solo compiti amministrativi, ma rappresentano la pietra miliare della saggezza finanziaria e della prevenzione di potenziali crisi. Una gestione finanziaria attenta e consapevole richiede la capacità di adattarsi e modificare le proprie strategie in base alle mutevoli circostanze.

L'Impatto delle Fluttuazioni del Mercato:
L'ambiente economico è in costante mutamento. I tassi di interesse possono variare, influenzando il costo dei prestiti o il rendimento dei risparmi. Le fluttuazioni del mercato azionario, delle materie prime e dei beni di consumo possono avere un impatto diretto sul valore degli investimenti e sulla capacità di risparmio. La rivedibilità del budget ti permette di rimanere sintonizzato su questi cambiamenti e di fare le

correzioni necessarie per rimanere sulla giusta traiettoria finanziaria.

I Cambiamenti nel Reddito: Non solo le spese possono variare, ma anche le fonti di reddito. Magari si riceve un bonus inaspettato o, al contrario, si può passare attraverso un periodo di riduzione salariale o, peggio ancora, di disoccupazione. Monitorare e aggiornare il budget in risposta a queste variazioni può fare la differenza tra mantenere una posizione finanziaria stabile e andare in deficit.

Imprevisti e Spese Extra: Gli incidenti accadono. Che si tratti di una riparazione auto improvvisa, di spese mediche non previste o di qualsiasi altro tipo di emergenza, avere un budget flessibile e aggiornato ti aiuta a fare i conti con queste situazioni senza dover intaccare i risparmi o indebitarsi ulteriormente.

Ottimizzazione del Risparmio: Man mano che il tempo passa, potresti scoprire nuovi metodi o strumenti per risparmiare denaro, come ad esempio offerte o promozioni, metodi di investimento più efficienti o semplicemente nuove abitudini di consumo. Rivedere e aggiornare il budget ti dà l'opportunità di integrare questi nuovi metodi, massimizzando così il tuo potenziale di risparmio.

Feedback Costante: Uno degli aspetti chiave nella gestione delle finanze è il feedback costante. Senza un'idea chiara di dove stanno andando i tuoi soldi o da dove provengono, è facile perdere il controllo della situazione. Ecco perché è così importante non solo stabilire un budget, ma anche monitorarlo e aggiornarlo regolarmente. Ogni revisione offre una panoramica dettagliata della tua posizione finanziaria, permettendoti di prendere decisioni informate e proattive.

Sviluppo di Abitudini Finanziarie Salutari: Infine, il processo stesso di rivedere e aggiornare il budget aiuta a instillare e rafforzare abitudini finanziarie salutari. Con il tempo, questo approccio proattivo diventa una seconda natura, rendendoti più attento, responsabile e capace di navigare con sicurezza nel complicato mondo delle finanze personali. Inoltre, diventi più resiliente alle sfide finanziarie, avendo già sviluppato la pratica di adattarti e modificare le tue strategie finanziarie in base alle necessità.

In conclusione, la revisione e l'aggiornamento periodico del budget rappresentano componenti vitali di una solida gestione finanziaria. Questi non sono semplici esercizi burocratici, ma piuttosto opportunità preziose per ri-calibrare, riflettere e reindirizzare le

proprie finanze in base alle mutate circostanze della
vita e del mercato.

Il ruolo preventivo della revisione: Prima di
tutto, rivedere il proprio budget funge da controllo
preventivo, un modo per anticipare potenziali problemi
finanziari prima che diventino troppo gravi. Come un
pilota che controlla regolarmente gli strumenti di
bordo durante un volo, un individuo attento alle
proprie finanze usa la revisione del budget come uno
strumento per assicurarsi che tutto stia procedendo
come previsto, o per correggere la rotta se necessario.

Adattarsi alle mutevoli condizioni: La vita è in
costante evoluzione. Che si tratti di cambiamenti nella
carriera, nella struttura familiare, o nell'economia
globale, raramente le cose rimangono statiche. Un
budget, se lasciato inalterato, può rapidamente
diventare obsoleto di fronte a questi cambiamenti.
L'aggiornamento periodico assicura che il budget
rifletta la realtà attuale, permettendo di adattarsi in
modo flessibile e resiliente.

Rafforzare l'autodisciplina finanziaria: L'atto
stesso di sedersi, analizzare e modificare un budget
rafforza l'abitudine di pensare in modo critico e
proattivo alle proprie finanze. Questa pratica, col
tempo, nutre una crescente autodisciplina finanziaria,
rendendo più semplice resistere alle tentazioni di spese
impulsive o a decisioni finanziarie avventate.

Mantenere la visione a lungo termine: La revisione del budget non serve solo a garantire che le finanze siano in ordine nel breve termine. Fornisce anche l'opportunità di riflettere sugli obiettivi a lungo termine, come il risparmio per la pensione, l'acquisto di una casa o l'istruzione dei figli. Questo tipo di visione a lungo termine è essenziale per costruire una stabilità finanziaria duratura.

Un impegno verso la crescita e l'istruzione finanziaria: Infine, dedicarsi alla revisione e all'aggiornamento del budget è un impegno verso la propria crescita e istruzione finanziaria. Ogni revisione può essere un'opportunità per imparare qualcosa di nuovo, che si tratti di una strategia di risparmio, di un investimento o di una tendenza economica emergente.

In sintesi, mentre la creazione di un budget è certamente un passo fondamentale per la gestione finanziaria, la sua manutenzione attraverso revisioni e aggiornamenti regolari è ciò che garantisce la sua efficacia a lungo termine. E' un esercizio di vigilanza, adattabilità e crescita che serve a garantire la salute finanziaria di un individuo o di una famiglia attraverso tutte le sfide e le opportunità che la vita presenta.

16. Tecniche e strumenti di budgeting • App e software utili. • Registri manuali vs. soluzioni digitali.

Il budgeting è una pratica essenziale per la gestione delle finanze personali e aziendali. Nel corso degli anni, sono state sviluppate diverse tecniche e strumenti per aiutare le persone a tenere traccia delle loro entrate e uscite. Mentre in passato la registrazione manuale e la carta erano gli unici mezzi disponibili, l'era digitale ha introdotto una serie di app e software che facilitano notevolmente il processo. Ecco un'analisi dettagliata:

App e Software Utili:

1. **Mint**: Una delle app di budgeting più popolari, Mint offre una visione d'insieme delle finanze collegando conti correnti, carte di credito, prestiti e investimenti. Offre anche suggerimenti personalizzati basati sulle abitudini di spesa.

2. **You Need A Budget (YNAB)**: Questo software è incentrato sull'assegnazione di ogni euro guadagnato a una specifica categoria di spesa, aiutando gli utenti a pianificare ogni spesa e a risparmiare di conseguenza.

3. **PocketGuard**: Quest'app aiuta a tenere traccia delle spese quotidiane, mostrando quanto si può

spendere quotidianamente tenendo conto delle bollette e degli obiettivi di risparmio.

4. **EveryDollar**: Creato dal guru finanziario Dave Ramsey, questo strumento aiuta gli utenti a creare un budget mensile, permettendo di tracciare le spese in tempo reale.

Registri Manuali vs. Soluzioni Digitali:

1. **Registri Manuali**:

   - **Vantaggi**:

     - Personalizzazione: I registri manuali possono essere adattati alle esigenze specifiche di ciascun individuo.

     - Sensazione tangibile: Scrivere manualmente le spese può rendere più tangibile e reale la sensazione di spesa, aumentando la consapevolezza.

     - Nessuna dipendenza tecnologica: Non si corre il rischio di perdere informazioni a causa di guasti tecnologici.

   - **Svantaggi**:

     - Più tempo: Richiede più tempo rispetto all'uso di soluzioni digitali.

- Errori umani: Maggiore possibilità di fare errori nel calcolo.

- Meno funzionalità: Mancanza di funzionalità automatizzate come avvisi e analisi.

2. **Soluzioni Digitali**:

  - **Vantaggi**:

    - Convenienza: La capacità di collegare conti bancari e carte di credito per un'analisi automatizzata delle transazioni.

    - Analisi approfondite: Molte app offrono analisi delle spese, aiutando a individuare aree di spreco.

    - Accessibilità: Accesso alle informazioni finanziarie da qualsiasi luogo con una connessione internet.

  - **Svantaggi**:

    - Preoccupazioni sulla privacy: Con la connessione di conti e dati personali, esiste il rischio potenziale di violazioni della privacy.

    - Dipendenza tecnologica: In caso di malfunzionamenti o problemi con l'app, si può perdere l'accesso alle informazioni di budgeting.

- Curve di apprendimento: Alcune persone potrebbero trovare difficile l'uso o l'adattamento alle nuove tecnologie.

In sintesi, sia i registri manuali che le soluzioni digitali hanno i loro vantaggi e svantaggi. La scelta tra i due dipenderà dalle preferenze personali, dal livello di comfort tecnologico e dalle esigenze specifiche di budgeting. Molti individui potrebbero anche scoprire che una combinazione di entrambi gli approcci funziona meglio per loro, sfruttando la personalizzazione dei registri manuali e la convenienza delle soluzioni digitali.

La gestione delle proprie finanze richiede attenzione e pianificazione, e con l'avanzare della tecnologia, le opzioni a nostra disposizione per il budgeting si sono notevolmente moltiplicate. Mentre abbiamo già discusso alcune delle app più popolari e le differenze tra i metodi tradizionali e digitali, c'è molto altro da esplorare in questo campo.

Applicazioni Web vs Applicazioni Mobili: Le applicazioni web, come quelle accessibili attraverso un browser, spesso offrono un'interfaccia più ampia e dettagliata, ideale per una pianificazione finanziaria profonda e la visualizzazione di diversi mesi o anni di dati. D'altra parte, le applicazioni mobili sono progettate per la portabilità e la facilità d'uso, permettendo agli utenti di controllare rapidamente il loro budget o registrare spese mentre sono in movimento.

Personal Capital: Mentre si potrebbe considerare principalmente come uno strumento di investimento, Personal Capital offre anche funzionalità di budgeting. La sua forza risiede nella sua capacità di dare una visione d'insieme della propria situazione finanziaria, compresi investimenti, pensioni, spese e risparmi.

GoodBudget: Questo è un altro software che utilizza l'approccio dell'envelope budgeting. È basato sull'idea di dividere il proprio denaro in diverse "buste" per diverse categorie di spese. Quando si spende, si "preleva" dai rispettivi envelope. Questa rappresentazione visiva aiuta molte persone a comprendere meglio le loro spese.

Integrazioni e Automatizzazioni: Alcuni software di budgeting offrono integrazioni con altri servizi. Ad esempio, potrebbero connettersi direttamente al tuo conto in banca o alla tua carta di credito, rendendo il tracciamento delle spese quasi automatico. Altri possono integrarsi con servizi di investimento, aiutandoti a vedere come le tue spese influenzano i tuoi obiettivi di investimento a lungo termine.

Oltre alle app e ai software, ci sono anche molti **blog, corsi online e libri** dedicati al budgeting. Queste risorse possono offrire consigli su come gestire al meglio il proprio denaro, storie di successo e strategie per risparmiare. Nonostante la tecnologia abbia reso il budgeting più accessibile, la disciplina e l'attenzione individuale rimangono essenziali.

La scelta degli strumenti giusti può dipendere anche dalla tua situazione finanziaria. Ad esempio, se hai molteplici fonti di reddito o sei un libero professionista, potresti avere esigenze diverse da qualcuno con un lavoro stipendiato regolare. Inoltre, la tua familiarità con la tecnologia e la tua preferenza per l'automazione rispetto al controllo manuale influenzeranno anche la tua decisione.

Mentre le soluzioni digitali stanno diventando sempre più popolari, è anche importante ricordare l'importanza di fare una pausa e riflettere sulle proprie spese. A volte, prendersi un momento per registrare manualmente una spesa o per esaminare il proprio budget può offrire una maggiore chiarezza sulla propria situazione finanziaria e sugli obiettivi.

Mentre l'uso di applicazioni e software per il budgeting offre una comodità ineguagliabile, è essenziale non perdere di vista il valore intrinseco del processo di pianificazione finanziaria. La tecnologia è uno strumento, ma la capacità di gestire le proprie finanze in modo efficace richiede comprensione, riflessione e auto-disciplina.

Strategie Analogiche: Nonostante l'ubiquità della tecnologia, molte persone trovano valore nelle tecniche analogiche. Usare una penna e un quaderno per tracciare le spese può sembrare antiquato, ma per alcuni, la natura tangibile di scrivere fisicamente le cifre e fare i calcoli può aiutare a cementare la consapevolezza finanziaria. Inoltre, mettere fisicamente da parte contanti in diverse buste per diverse categorie di spese, noto come metodo dell'"envelope", può fornire un feedback immediato sulle spese e aiutare a prevenire gli eccessi.

Workshop e Seminari: Oltre alle risorse digitali, ci sono numerosi workshop, seminari e classi che insegnano le basi del budgeting. Questi eventi offrono l'opportunità non solo di imparare da esperti nel campo, ma anche di interagire con altri che condividono obiettivi e sfide simili. La condivisione di storie ed esperienze può fornire preziose intuizioni e motivazioni.

La Sfida del Budget in Valute Multiple: Per coloro che lavorano o investono in più paesi, la gestione del budget può diventare complicata a causa delle fluttuazioni dei tassi di cambio. Mentre alcune app e software possono gestire automaticamente queste conversioni, è essenziale avere una comprensione di base dei mercati valutari e delle loro implicazioni per la pianificazione finanziaria.

Istruzione Finanziaria: La tecnologia può fornire gli strumenti, ma l'istruzione finanziaria fornisce le competenze. È fondamentale educare se stessi su principi finanziari chiave, compresi gli interessi composti, l'inflazione, il valore del tempo del denaro e l'importanza del risparmio a lungo termine. Fortunatamente, ci sono molte risorse gratuite disponibili, dalle lezioni universitarie online ai podcast specializzati in finanza.

Interazione Umana: Non dimenticare il valore della consulenza finanziaria. Mentre la tecnologia può automatizzare molte parti del processo di budgeting, a volte non c'è sostituto per una conversazione faccia a faccia con un consulente o esperto finanziario. Questi professionisti possono offrire consigli personalizzati, aiutandoti a navigare nelle sfide finanziarie specifiche e a creare una strategia che si adatti alle tue esigenze uniche.

Infine, è cruciale non diventare troppo dipendenti dalla tecnologia al punto da perdere la visione d'insieme. Il budgeting, in fondo, è un esercizio di bilanciamento tra ciò che guadagniamo e ciò che spendiamo, con l'obiettivo di garantire sicurezza finanziaria e realizzare i nostri obiettivi. La chiave è trovare un equilibrio tra l'utilizzo degli strumenti disponibili e il mantenimento di un coinvolgimento attivo e consapevole nella propria situazione finanziaria.

La gestione delle finanze è un aspetto cruciale della vita di ogni individuo, e nella nostra era digitale, i metodi per pianificare e monitorare i budget sono diventati sia avanzati che diversificati. Tuttavia, la scelta tra tecniche e strumenti di budgeting non dovrebbe essere dettata solo dalle ultime tendenze tecnologiche, ma piuttosto da ciò che risponde meglio alle specifiche esigenze e stili di vita di ciascun individuo o famiglia.

Software e Applicazioni: In un mondo sempre più interconnesso, le applicazioni e i software di budgeting sono diventati immensamente popolari. Questi strumenti digitali offrono funzionalità come la categorizzazione automatica delle spese, notifiche in tempo reale, suggerimenti personalizzati e molto altro. Queste funzionalità possono aiutare gli utenti a rimanere sulla buona strada, evitando spese impulsive e identificando modelli di spesa problematici. Programmi come Mint, YNAB (You Need A Budget) e PocketGuard sono esempi di tali strumenti che possono sincronizzarsi con i conti bancari, tracciare investimenti, e fornire una visione d'insieme della salute finanziaria.

Metodi Tradizionali: Al contrario, ci sono persone che preferiscono l'approccio tradizionale del budgeting, come l'uso di registri manuali o fogli di calcolo. Questo metodo tangibile offre un senso di controllo e consapevolezza che alcune persone ritengono manchi nelle soluzioni digitali. Scrivere ogni transazione, anche se può sembrare tedioso, insegna disciplina e consapevolezza.

Formazione ed Educazione: Oltre agli strumenti, la formazione in materia di budgeting è essenziale. Conoscere i principi di base della finanza e avere una solida comprensione delle proprie entrate e uscite è fondamentale per qualsiasi metodo di budgeting si scelga. Seminari, corsi online, libri e workshop sono risorse preziose in questo campo.

Personalizzazione: La chiave del successo nel budgeting, come in molte altre aree della vita, sta nella personalizzazione. Non tutte le soluzioni fanno al caso di tutti. Mentre un'app potrebbe funzionare perfettamente per una persona, un foglio di calcolo potrebbe essere la scelta migliore per un'altra. La comprensione delle proprie esigenze, abitudini e obiettivi è fondamentale per selezionare l'approccio giusto.

In conclusione, sia che si opti per metodi tradizionali o soluzioni high-tech, la costante rimane la necessità di una pianificazione attenta, di un monitoraggio regolare e di una valutazione periodica dei propri obiettivi e progressi finanziari. L'importante è trovare uno strumento o metodo che non solo ti aiuti a rimanere organizzato ma che, soprattutto, ti incoraggi ad adottare abitudini finanziarie sane per garantire una vita di sicurezza finanziaria e prosperità. La chiave non è tanto nello strumento in sé, ma nella costanza, nella disciplina e nella determinazione con cui lo si utilizza.

17. L'importanza dell'educazione finanziaria continua • Risorse per approfondire la propria conoscenza finanziaria.

La gestione delle proprie finanze è una parte essenziale della vita quotidiana, e come tale, l'educazione finanziaria è cruciale. Ma questa istruzione non dovrebbe fermarsi una volta acquisiti i concetti di base. Il mondo finanziario è in costante evoluzione, con nuovi prodotti, strumenti e rischi che emergono regolarmente. Inoltre, la propria situazione finanziaria e le esigenze cambieranno nel corso della vita, rendendo essenziale una formazione finanziaria continua.

Benefici dell'Educazione Finanziaria Continua:

1. **Adattamento ai Cambiamenti del Mercato**: I mercati finanziari sono dinamici. Ciò che è rilevante oggi potrebbe non esserlo domani. Mantenendosi aggiornati, si può navigare meglio in questi mercati e fare scelte informate.

2. **Decisioni Informate**: Una comprensione profonda delle finanze può aiutare a evitare errori costosi. Più si sa, meno si dipende da terzi per prendere decisioni finanziarie.

3. **Indipendenza Finanziaria**: L'educazione finanziaria può fornire gli strumenti e la fiducia necessari per prendere il controllo delle proprie finanze, portando a una maggiore indipendenza e sicurezza finanziaria.

Risorse per Approfondire la Conoscenza Finanziaria:

1. **Corsi Online**: Piattaforme come Coursera, Udemy e Khan Academy offrono corsi su vari argomenti finanziari, dalla gestione degli investimenti alla pianificazione fiscale.

2. **Libri**: Ci sono numerosi libri che coprono una vasta gamma di argomenti finanziari. Alcuni titoli classici includono "Il padre ricco, padre

povero" di Robert Kiyosaki e "L'investitore intelligente" di Benjamin Graham.

3. **Seminari e Workshop**: Questi eventi possono fornire approfondimenti specifici e la possibilità di interagire con esperti del settore.

4. **Blog e Siti Web**: Esistono molti blog e siti web dedicati alla finanza personale che offrono consigli, notizie e analisi.

5. **Podcast**: In tempi recenti, i podcast sono diventati una fonte popolare di informazioni. Ci sono molti podcast finanziari che offrono interviste con esperti, analisi del mercato e consigli pratici.

6. **Consulenti Finanziari**: Sebbene ci sia un costo associato, lavorare con un consulente può fornire una formazione personalizzata e specifica per la propria situazione.

7. **Gruppi e Comunità**: Unirsi a gruppi o comunità di persone con interessi finanziari simili, sia online che offline, può offrire una piattaforma per l'apprendimento e la condivisione di idee.

In sintesi, mentre l'educazione finanziaria iniziale può fornire una base, è essenziale continuare ad apprendere e adattarsi al mutare delle circostanze e del mercato. Investire tempo e risorse nell'istruzione finanziaria continua non solo può aiutare a proteggere e far crescere il proprio patrimonio, ma può anche fornire pace mentale e sicurezza nel sapere che si sta facendo del proprio meglio per navigare nel complesso mondo delle finanze personali.

L'educazione finanziaria continua è tanto una questione di mentalità quanto di acquisizione di nuove competenze. Essa implica una volontà di rimanere informati, di adattarsi e di cercare proattivamente opportunità per arricchire la propria comprensione del panorama finanziario. L'importanza di questa continua istruzione può essere vista sotto molteplici prospettive.

Nella società moderna, l'alfabetizzazione finanziaria è diventata quasi tanto fondamentale quanto saper leggere e scrivere. La complessità delle opzioni finanziarie disponibili, dai mutui ipotecari ai fondi comuni di investimento, dai prestiti peer-to-peer alle criptovalute, significa che ci sono innumerevoli opportunità, ma anche innumerevoli rischi.

Le innovazioni tecnologiche stanno trasformando il modo in cui interagiamo con il denaro e le nostre finanze. Ad esempio, l'ascesa delle fintech ha reso più accessibili servizi che una volta erano riservati a chi aveva risorse o conoscenze specialistiche. Le applicazioni mobili ora permettono di tracciare le spese in tempo reale, di investire cambiamenti spiccioli o di fare trading con un semplice tocco sullo schermo del telefono. Questi strumenti possono essere incredibilmente potenti, ma solo se l'utente comprende le implicazioni delle sue azioni.

Le nuove generazioni, in particolare, potrebbero trovare che le lezioni finanziarie apprese dai loro genitori o nonni non sono più del tutto rilevanti. Per esempio, la stabilità dell'impiego a vita che era comune per molte generazioni precedenti sta diventando sempre meno comune. Allo stesso modo, mentre l'acquisto di una casa potrebbe essere stato visto come un segno di successo e una scelta finanziaria solida per i genitori, molte giovani persone ora affrontano mercati immobiliari inflazionati e potrebbero scegliere di ritardare o rinunciare all'acquisto.

D'altra parte, con la globalizzazione, le persone hanno più opportunità di lavorare, studiare o vivere in diversi paesi durante la loro vita. Questo comporta la necessità di comprendere diverse normative fiscali, valute, pratiche bancarie e sistemi di previdenza sociale. La capacità di navigare in queste complessità può fare una grande differenza nel benessere finanziario complessivo di una persona.

Ogni crisi economica o recessione porta con sé lezioni preziose. Ad esempio, la crisi finanziaria del 2008 ha sottolineato i rischi della speculazione immobiliare e dell'eccessivo indebitamento. Allo stesso modo, la pandemia di COVID-19 ha mostrato l'importanza di avere un fondo d'emergenza e di essere preparati per le interruzioni del reddito.

Infine, la continua istruzione finanziaria è essenziale anche per coloro che sentono di avere già una solida comprensione delle loro finanze. Il panorama finanziario è in costante evoluzione, e ciò che era vero o rilevante dieci anni fa potrebbe non esserlo oggi. Essere proattivi nell'educazione può aiutare a prevenire errori costosi e a sfruttare al meglio le opportunità quando si presentano.

L'educazione finanziaria continua, come abbiamo esplorato, non è un lusso, ma piuttosto una necessità intrinseca per chiunque desideri navigare efficacemente nel sempre più complesso panorama finanziario del XXI secolo. Per concludere il punto in modo dettagliato, dobbiamo sottolineare e riepilogare i principali temi e motivi per i quali l'alfabetizzazione finanziaria continua dovrebbe essere vista come un pilastro della responsabilità individuale e collettiva.

1. **Adattabilità al cambiamento:** La natura fluida dell'economia moderna, con le sue rapidamente mutevoli tendenze e innovazioni,

richiede una capacità di adattamento che può essere acquisita solo attraverso l'apprendimento continuo. La formazione finanziaria continua garantisce che si sia preparati a navigare in questo ambiente, sfruttando le opportunità e minimizzando i rischi.

2. **Navigazione nell'era digitale:** Con l'avvento delle tecnologie finanziarie, le transazioni e gli investimenti sono ora a portata di mano. Questa convenienza, tuttavia, viene con la necessità di comprendere appieno gli strumenti digitali e le potenziali insidie. L'educazione finanziaria fornisce gli strumenti per utilizzare queste piattaforme in modo sicuro ed efficace.

3. **Preparazione per l'incertezza:** La recente storia ha dimostrato che le crisi finanziarie e le recessioni, anche se imprevedibili, sono inevitabili. Una solida comprensione delle finanze personali e una continua formazione in questo campo possono fare la differenza tra superare queste sfide con resilienza o cadere in trappole finanziarie.

4. **Empowerment personale:** Una formazione finanziaria continua fornisce la confidenza e le competenze necessarie per prendere decisioni informate. Questo empowerment va al di là dei numeri, influenzando positivamente la qualità

della vita, riducendo lo stress finanziario e offrendo una maggiore pace della mente.

5. **Responsabilità sociale:** Oltre ai benefici personali, c'è una responsabilità collettiva nella promozione dell'educazione finanziaria. Una società con cittadini finanziariamente istruiti è meno suscettibile a bolle speculative, crisi del debito e altre sfide economiche che possono avere ripercussioni su larga scala.

6. **Pianificazione a lungo termine:** Mentre la pianificazione a breve termine riguarda la gestione delle finanze quotidiane, la vera magia dell'alfabetizzazione finanziaria si realizza nella pianificazione a lungo termine, come la pensione, gli investimenti e la gestione del patrimonio. Una continua istruzione finanziaria assicura che si sia sempre un passo avanti, preparando il terreno per un futuro finanziario solido.

In conclusione, mentre i principi di base della gestione del denaro possono rimanere costanti, il contesto in cui vengono applicati è in continua evoluzione. Ignorare l'importanza dell'educazione finanziaria continua sarebbe un errore, mentre abbracciarla può offrire vantaggi tangibili e intangibili che si estendono ben oltre il bilancio personale, influenzando positivamente la comunità e la società nel suo insieme.

18. Affrontare i disaccordi finanziari • Strategie per risolvere i conflitti legati al denaro.

Affrontare i disaccordi finanziari, in particolar modo tra le coppie o tra i membri di una famiglia, può essere uno degli aspetti più sfidanti della gestione del denaro. Le questioni finanziarie, infatti, non riguardano solo i soldi, ma spesso coinvolgono valori personali, aspettative e sogni che possono differire notevolmente tra le persone. Di conseguenza, questi disaccordi possono innescare forti reazioni emotive e conflitti. Tuttavia, con le giuste strategie e una comunicazione aperta, è possibile affrontare e risolvere questi disaccordi in modo costruttivo.

1. **Comunicazione Aperta:** La chiave per risolvere qualsiasi disaccordo è la comunicazione. E' importante creare un ambiente in cui entrambe le parti si sentano al sicuro nel discutere apertamente delle loro preoccupazioni e aspettative finanziarie. Questo può includere l'istituire momenti regolari per parlare di finanze, lontano da altre distrazioni o stress.

2. **Ascolto Attivo:** Oltre a esprimere le proprie opinioni, è fondamentale ascoltare attentamente ciò che l'altra persona ha da dire. Ciò significa

evitare di interrompere e cercare veramente di comprendere il punto di vista dell'altro.

3. **Comprensione dei Valori Sottostanti:** Molto spesso, i conflitti finanziari sono radicati in valori o convinzioni profonde. Capire le ragioni dietro le decisioni finanziarie di una persona può aiutare a trovare un terreno comune.

4. **Stabilire Obiettivi Comuni:** Una volta compresi i valori e le priorità di ciascuno, è utile stabilire obiettivi finanziari comuni. Questi possono servire come guida nelle decisioni e come punto di riferimento in caso di futuri disaccordi.

5. **Creare un Sistema di Bilancio Equo:** Se i disaccordi sorgono a causa di come vengono spesi i soldi, potrebbe essere utile avere un sistema di bilancio che entrambe le parti considerino equo, come ad esempio conti separati per le spese personali e un conto comune per le spese condivise.

6. **Mediazione Finanziaria:** In alcuni casi, i disaccordi possono essere così profondi da richiedere l'intervento di un terzo imparziale. Un consulente finanziario o un mediatore possono aiutare a trovare soluzioni che soddisfino entrambe le parti.

7. **Educazione Finanziaria:** A volte, i disaccordi possono sorgere semplicemente a causa di una mancanza di comprensione delle questioni finanziarie. Prendere il tempo per educarsi insieme, frequentando corsi o leggendo libri sulle finanze, può aiutare a ridurre i conflitti.

8. **Accettare Differenze:** È importante riconoscere che ogni persona ha un proprio background e esperienze che influenzano le sue decisioni finanziarie. Accettare queste differenze e lavorare insieme per trovare soluzioni può rafforzare la relazione.

In sintesi, mentre i disaccordi finanziari possono essere stressanti e emotivamente carichi, affrontarli con empatia, comprensione e comunicazione può trasformarli in opportunità per rafforzare le relazioni e costruire un futuro finanziario solido insieme. Con le giuste strategie e una mentalità aperta, è possibile superare i conflitti legati al denaro e lavorare insieme verso obiettivi finanziari condivisi.

Affrontare i disaccordi finanziari, oltre alle strategie già citate, richiede un'attenta introspezione e, talvolta, un ripensamento delle proprie abitudini e aspettative. Le tensioni relative al denaro possono spesso nascondere problemi più profondi o punti di vista non considerati, e saper navigare questi momenti può essere cruciale per mantenere la pace nelle relazioni.

Analisi delle Proprie Abitudini Finanziarie: A volte, ciò che percepiamo come una spesa "necessaria" potrebbe non esserlo per il nostro partner o per altri membri della famiglia. Fare un inventario delle proprie abitudini finanziarie e riflettere su ciò che è veramente essenziale può aiutare a trovare un equilibrio e a ridurre i conflitti.

Cerca il Compromesso: In molti casi, entrambe le parti potrebbero dover fare delle concessioni. Ciò potrebbe significare ridimensionare certi desideri o rimandare certi acquisti, ma potrebbe anche significare trovare modi creativi per ottenere ciò che si desidera senza mettere a rischio la stabilità finanziaria.

Crea una "Zona Neutra" per le Discussioni: Parlare di soldi può essere emotivamente carico, soprattutto se è stato fonte di conflitto in passato. Stabilire un luogo o un momento specifico in cui entrambe le parti possono avvicinarsi alla discussione con una mente aperta può fare la differenza. Questa "zona neutra" dovrebbe essere un luogo in cui non ci si sente sotto attacco e in cui si può parlare liberamente.

Guarda al Futuro: Concentrarsi sulle piccole dispute del presente può oscurare la visione generale. A volte, guardare al futuro e riflettere su ciò che entrambe le parti vogliono a lungo termine può aiutare a mettere in prospettiva le piccole tensioni.

Cerca di Capire le Preoccupazioni dell'Altro:
Oltre ad ascoltare, cercare di immedesimarsi nella
posizione dell'altro e di capire le sue preoccupazioni
può aprire la via a una maggiore empatia e
comprensione.

Imposta delle Priorità: Potrebbe essere utile fare
una lista delle priorità finanziarie e vedere dove ci sono
sovrapposizioni e dove ci sono divergenze. Questo può
servire come punto di partenza per le discussioni e per
trovare un terreno comune.

Evita il Colpevolismo: Puntare il dito e incolpare
l'altro per le difficoltà finanziarie non è produttivo.
Concentrarsi su soluzioni piuttosto che attribuire colpe
può aiutare a mantenere la discussione costruttiva.

Ricerca Esterna: Talvolta, può essere utile cercare
consigli o punti di vista esterni. Questo potrebbe essere
sotto forma di libri, articoli, o anche parlando con
amici e familiari che potrebbero avere esperienze
simili.

Infine, è essenziale ricordare che il denaro, pur essendo
uno strumento potente e necessario nella nostra
società, è solo uno strumento. La chiave per risolvere i
disaccordi finanziari sta nel riconoscere che le relazioni
e il benessere emotivo sono spesso più preziosi del
denaro stesso. Approcciare le questioni finanziarie con
questo contesto in mente può aiutare a mantenere le

cose in prospettiva e a trovare soluzioni che siano vantaggiose per tutti.

19. Incoraggiare l'indipendenza finanziaria all'interno della coppia • L'importanza di avere una certa autonomia finanziaria.

L'indipendenza finanziaria all'interno di una coppia rappresenta un elemento cruciale, non solo dal punto di vista economico, ma anche per quanto riguarda l'equilibrio emotivo e la dinamica di coppia. Avere una certa autonomia finanziaria può significare diversi aspetti, a seconda delle preferenze individuali e della situazione economica di ciascun partner.

Empowerment Personale: Una delle ragioni fondamentali per incoraggiare l'indipendenza finanziaria è l'empowerment personale. Sapere di avere la capacità di sostenersi economicamente offre una sensazione di sicurezza che può essere fondamentale per la fiducia in se stessi. Questo non significa necessariamente guadagnare di più del partner o avere risorse separate, ma piuttosto avere la consapevolezza e la capacità di gestire le proprie finanze.

Riduzione della Tensione Finanziaria: Quando entrambi i partner hanno una certa autonomia finanziaria, si riduce la probabilità che emergano tensioni dovute a squilibri o dipendenze economiche. Ciò può portare a una maggiore armonia nella relazione, dato che i conflitti legati al denaro sono tra le cause principali di attrito nelle relazioni di coppia.

Opportunità di Crescita Individuale: Avere un'indipendenza finanziaria può offrire anche opportunità per la crescita personale. Ad esempio, uno dei partner potrebbe decidere di intraprendere un corso di studi o un progetto imprenditoriale, sapendo di avere una base economica su cui contare.

Sicurezza in Situazioni Impreviste: Nel caso in cui uno dei due partner dovesse affrontare periodi di disoccupazione, problemi di salute o altri imprevisti, sapere che l'altro ha una certa stabilità finanziaria può offrire una rete di sicurezza.

Autonomia nelle Decisioni: Avere una propria autonomia finanziaria permette di prendere decisioni indipendenti riguardo a spese personali, senza la necessità di consultarsi costantemente con il partner. Questo può portare a un maggiore senso di libertà e ridurre potenziali tensioni legate a decisioni di spesa.

Pianificazione e Risparmio: L'indipendenza finanziaria può anche aiutare nella pianificazione futura. Ad esempio, se entrambi i partner hanno risparmi o investimenti separati, possono decidere insieme come e quando utilizzarli, oppure mantenere una parte dei loro risparmi per obiettivi personali.

Promozione del Dialogo: L'indipendenza finanziaria non significa evitare il dialogo. Anzi, incoraggiare l'indipendenza può anche promuovere conversazioni più aperte e oneste sul denaro, permettendo ai partner di condividere le proprie visioni, preoccupazioni e obiettivi finanziari.

In conclusione, incoraggiare l'indipendenza finanziaria all'interno di una coppia può rafforzare la relazione, offrendo a entrambi i partner una maggiore sicurezza, fiducia e opportunità di crescita personale. Pur mantenendo una visione congiunta delle finanze, avere anche una prospettiva individuale può arricchire la dinamica di coppia, portando a una maggiore comprensione e collaborazione in materia di denaro.

L'indipendenza finanziaria, all'interno del contesto di una coppia, non è solo un concetto legato ai numeri o ai conti bancari, ma si intreccia profondamente con la psicologia, la comunicazione e l'evoluzione della relazione nel suo complesso.

Riflessioni sulla Cultura e l'Educazione: In molte culture, la storia dell'educazione finanziaria è stata tradizionalmente legata ai ruoli di genere. Ci sono state generazioni in cui un partner, spesso la donna, era educato a dipendere finanziariamente dall'altro.

Questa dinamica, nel tempo, ha subito notevoli cambiamenti, e ora c'è una crescente enfasi sull'importanza per entrambi i partner di essere informati, competenti e attivi nella gestione delle finanze congiunte e personali.

Equilibrio tra Dipendenza e Indipendenza: Anche se l'indipendenza finanziaria è cruciale, è altrettanto importante trovare un equilibrio. In alcune fasi della vita, potrebbe essere più pratico o sensato per un partner dipendere dall'altro, come ad esempio durante un congedo parentale o durante la prosecuzione degli studi. L'obiettivo dovrebbe essere creare uno spazio in cui entrambi i partner si sentano al sicuro e sostenuti, indipendentemente dalla loro situazione economica momentanea.

Gestione delle Finanze Separate: Mentre alcune coppie scelgono di fondere completamente le loro finanze, altre possono optare per avere conti separati oltre a un conto congiunto per le spese condivise. Questa può essere una strategia efficace per garantire sia la trasparenza nelle spese congiunte sia una certa autonomia nelle decisioni finanziarie personali.

Educazione Continua: L'ambiente finanziario è in costante evoluzione, con nuovi strumenti, prodotti e sfide che emergono regolarmente. Pertanto, entrambi i partner dovrebbero impegnarsi in un'apprendimento continuo per rimanere aggiornati e in grado di prendere decisioni informate.

Valore dell'Indipendenza per i Futuri Membri della Famiglia: Se una coppia ha o sta pianificando di avere figli, inculcare il valore dell'indipendenza finanziaria può avere un impatto generazionale. I bambini che crescono osservando entrambi i genitori impegnarsi attivamente nella gestione del denaro e sostenersi a vicenda nelle decisioni finanziarie sono più propensi a sviluppare una mentalità finanziaria sana da adulti.

La Dimensione Emotiva del Denaro: Il denaro non è solo una risorsa materiale, ma porta con sé una forte carica emotiva. Le persone possono associare il denaro a sicurezza, potere, amore o controllo, tra le altre cose. Comprendere le proprie emozioni legate al denaro e condividerle con il partner può rivelarsi un esercizio potente per rafforzare la comprensione reciproca e costruire una base solida per le decisioni finanziarie condivise.

In ogni fase della relazione, l'autonomia finanziaria dovrebbe essere vista come uno strumento di empowerment e non come un mezzo per creare distanza o separazione tra i partner. Con la giusta comunicazione, può effettivamente avvicinare le persone, dando loro una sensazione condivisa di sicurezza e proposito.

La gestione delle finanze in una coppia può essere una sfida delicata, poiché il denaro è spesso intrecciato con emozioni, aspettative e valori profondamente radicati. L'indipendenza finanziaria all'interno di una coppia non suggerisce un senso di separazione, ma piuttosto di responsabilità individuale e condivisione equa delle responsabilità. Ciò che è fondamentale è trovare un equilibrio tra la collaborazione finanziaria e l'indipendenza, assicurando che entrambi i partner abbiano voce in capitolo nelle decisioni e si sentano capaci di gestire le proprie finanze.

Le decisioni riguardanti l'indipendenza finanziaria e la gestione congiunta delle risorse dovrebbero essere prese attraverso una comunicazione aperta e trasparente. Quando le coppie affrontano queste discussioni, è importante considerare sia le circostanze attuali sia gli obiettivi e i piani futuri. Ad esempio, se uno dei partner decide di tornare a scuola o di intraprendere una nuova avventura imprenditoriale, ciò potrebbe influenzare il contributo finanziario condiviso nel breve termine, ma potrebbe anche offrire benefici a lungo termine per la coppia.

Avere una certa autonomia finanziaria può offrire ai singoli una sensazione di sicurezza e fiducia, sapendo che sono in grado di sostenersi indipendentemente se necessario. Questo non solo rafforza la resilienza finanziaria individuale, ma può anche ridurre la pressione sulla relazione, prevenendo conflitti derivanti da dipendenze finanziarie eccessive.

Inoltre, incoraggiare l'indipendenza finanziaria ha un effetto cascata su altre aree della vita di una coppia. Quando entrambi i partner sono finanziariamente competenti e indipendenti, si sentono spesso più sicuri nelle loro decisioni quotidiane, hanno una maggiore fiducia nelle loro capacità e possono affrontare sfide inaspettate con maggiore agilità.

In conclusione, l'indipendenza finanziaria in una coppia è un equilibrio tra autonomia personale e collaborazione condivisa. Questa autonomia, quando coltivata e supportata, può rafforzare la relazione, ridurre potenziali fonti di conflitto e fornire ad entrambi i partner la sicurezza di sapere che possono affrontare sfide finanziarie, sia individualmente sia come unità.

Conclusione: Riflessioni finali e l'importanza dell'impegno continuo nella gestione congiunta delle finanze

Navigare nel mondo delle finanze di coppia richiede comunicazione, comprensione e un impegno costante verso obiettivi condivisi. L'importanza del denaro nelle relazioni non può essere sottovalutata, poiché è strettamente legata al benessere complessivo, alle aspirazioni e alle sicurezze di una coppia. Ma più che le cifre e i conti bancari, è la mentalità e l'approccio con cui le coppie si avvicinano alle loro finanze che determinano il loro successo finanziario.

Le finanze sono dinamiche, proprio come la vita. Cambiamenti come nuovi lavori, nascite, malattie o imprevisti possono alterare notevolmente la situazione finanziaria di una coppia. Pertanto, è essenziale che le coppie siano flessibili, si adattino ai cambiamenti e riesaminino periodicamente i loro obiettivi e strategie finanziarie. L'importanza di avere conversazioni regolari sul denaro, di stabilire obiettivi chiari e di rimanere informati sulle ultime tendenze e opportunità finanziarie non può essere enfatizzata abbastanza.

Un altro aspetto cruciale è la consapevolezza. È fondamentale che entrambi i partner siano pienamente consapevoli della loro situazione finanziaria, delle spese, degli investimenti e dei debiti. Questo non solo previene le sorprese indesiderate, ma rafforza anche la fiducia e la collaborazione all'interno della coppia.

Infine, è fondamentale che le coppie vedano la gestione delle finanze non come un compito o un'obbligazione, ma come un'opportunità. Un'opportunità di costruire un futuro insieme, di realizzare sogni condivisi e di garantire sicurezza e benessere a lungo termine. La gestione congiunta delle finanze non è solo una responsabilità, ma un viaggio che, se percorso con cura, considerazione e impegno, può portare a una vita di abbondanza e soddisfazione.

Incoraggiare un impegno continuo nella gestione congiunta delle finanze non è solo una pratica saggia, ma è la chiave per garantire che il viaggio finanziario di una coppia sia prospero, equilibrato e in linea con le aspirazioni e i valori condivisi. Attraverso la comprensione, la collaborazione e l'educazione finanziaria continua, le coppie possono costruire un futuro solido e resiliente, affrontando insieme qualsiasi sfida o opportunità che si presenti loro.

Conclusione: Gestione congiunta delle finanze - Una guida essenziale per le coppie

La gestione delle finanze di coppia non è una passeggiata, ma con comunicazione, impegno e strategia, può diventare una fonte di unità e prosperità. Ecco un breve riassunto dei punti essenziali trattati in questo libro:

1. **Introduzione alle finanze di coppia:** Le basi della gestione congiunta e l'importanza di un approccio collaborativo.

2. **Stabilire una comunicazione aperta:** La chiave per prevenire incomprensioni e conflitti legati al denaro.

3. **Creazione di un budget congiunto:** Strumenti e strategie per pianificare e monitorare le spese.

4. **Risparmi e gestione delle spese:** L'importanza di mettere da parte per il futuro e vivere entro i propri mezzi.

5. **Gestione del debito:** Strategie per affrontare i debiti e l'importanza di evitare debiti inutili.

6. **Pianificazione degli obiettivi finanziari:** Stabilire obiettivi a breve e lungo termine come l'acquisto di una casa o la pianificazione delle vacanze.

7. **Fondi di emergenza:** L'importanza di avere risparmi per affrontare situazioni impreviste.

8. **Investimenti per il futuro:** Una panoramica degli investimenti e delle considerazioni per le coppie.

9. **Risparmiare per la pensione:** Strumenti e strategie per garantire un futuro finanziariamente sicuro.

10. **Tasse e implicazioni fiscali:** Ottimizzazione delle deduzioni e pianificazione fiscale.

11. **Assicurazione e protezione patrimoniale:** Una panoramica delle polizze vita, salute e proprietà.

12. **Pianificazione successoria:** Testamenti, trust e pianificazione dell'eredità.

13. **Affrontare le sfide finanziarie:** Strategie per affrontare imprevisti come disoccupazione o malattie.

14. **Rivedere e aggiornare il budget:** L'importanza della revisione e dell'adattamento ai cambiamenti finanziari.

15. **Tecniche e strumenti di budgeting:** Una panoramica delle soluzioni digitali e manuali disponibili.

16. **L'educazione finanziaria continua:** L'importanza dell'apprendimento continuo per rimanere informati.

17. **Affrontare i disaccordi finanziari:** Strategie per risolvere i conflitti legati al denaro.

18. **Indipendenza finanziaria all'interno della coppia:** L'importanza di mantenere una certa autonomia finanziaria.

19. **Conclusione e riflessioni finali:** L'importanza dell'impegno continuo nella gestione congiunta delle finanze.

Risorse utili:

- **Siti web:**

  - Investopedia: Una risorsa completa per tutte le tue domande finanziarie.

  - MyMoney.gov: Strumenti e consigli forniti dal governo per la gestione delle finanze personali.

- **Applicazioni:**

- **Mint:** Gestisci e monitora le tue finanze in un unico luogo.

- **You Need A Budget (YNAB):** Un'app di budgeting basata sulla filosofia di dare un lavoro a ogni euro.

- **Libri:**

  - *"The Total Money Makeover"* di Dave Ramsey: Una guida passo passo per raggiungere la libertà finanziaria.

  - *"Smart Couples Finish Rich"* di David Bach: Strategie per le coppie per gestire le finanze e costruire ricchezza insieme.

Con queste risorse e le informazioni fornite in questo libro, le coppie sono ben equipaggiate per affrontare le sfide finanziarie insieme, costruendo un futuro sicuro e prospero.

BILLIONAIRE GAY SEX:

Straight To Gay First Time

VOL. 7

by Rebecca Sin

"Excellent." Cairo handed Rick a slip of paper. "So, I can count on you to be at this address at 8:00 p.m. tomorrow?" He left swiftly after Rick agreed.

Rick arrived at the West Austin address at 7:45 p.m. He stopped at the booth in front of the steel gate and gave his name to an athletic young man wearing a stylish quasi-military uniform. "Welcome, Mr. Long." He pressed a button to open the gate. "Go straight up the drive. Parking is on the left."

The driveway wound through trees for a quarter mile before the house came into view. It was a three story art deco palace, perched on the top of a hill. The parking area was almost full. Rick's 10-year-old Nissan looked decidedly out of place among the luxury cars. He took a small suitcase out of the trunk and walked to the front of the house.

A tall, gray-haired man in a tuxedo guarded the front entrance. He was ruggedly handsome, with short salt- and-pepper hair and a trim athletic figure. Rick guessed he was in his mid-50s. "Mr. Long, I presume." He spoke with a distinguished-sounding English accent. When Rick nodded, the butler continued, "Welcome to the Armitage residence. Mister Cairo will see you in the sitting room."

The butler gestured toward a door on the left. Before Rick could take a step, Joel Cairo emerged from the room. "Welcome, Mister Long," he gushed. "It is so good of you to come. Please walk this way." He spun around and minced off.

"I can't walk that way," Rick thought as he followed Cairo into the sitting room.

"Here is your fee." Cairo opened the drawer of a small writing desk and pulled out an envelope. Rick took it and looked inside. It contained 15 crisp $100 bills.

"Thanks, Mister Cairo." Rick stuffed the envelope into his pocket.

"Some of the guests may wish to fondle you while you are dancing," Cairo said. "If this attention is unwelcome, simply tell the individual to desist. He will respect your wishes."

"What if I don't want anybody touching me?"

"Then we will notify the guests that you are to be left alone," Cairo answered. "Is that your desire? I observed that you allowed some of the bar patrons to touch you last night."

"I guess it depends on who does the fondling. Is there anything else?"

"You will be dancing for 20 minutes out of each hour, from 9:00 p.m. until midnight." Cairo pointed to Rick's suitcase. "Is your costume in there?"

"Sure is." He'd actually brought two. Hot cop and lumberjack.

"Excellent," Cairo beamed. "The . . . um . . . 'strip show' . . . will begin at 9:00 p.m. There will be two other performers. 'Dan Dangler' and 'Roderick Ramm.' Perhaps you are acquainted with them?"

"I know Dan." His real name was "Dan Alexander" and he danced at Harry's Garage, Bunz—the bar with male strip shows for women only—and several other clubs.

Rick had tricked with him a few times.

"And I've seen the videos from Ram Rod Productions." Rod's videos were on a high-end streaming service that Rick couldn't afford, but there were low-res versions all over the free gay porn sites.

"The three of you may take turns dancing," Cairo

continued. "But, if you wish to dance together, that is acceptable." His lips curled into a greasy smile. "And you may interact with each other . . . and the men in the audience . . . in any way you desire." His smile widened. "In fact, Mr. Armitage encourages interaction."

"Uh . . ."

"You do not have to do anything you don't want to do." Cairo took a black plastic watch out of the drawer, and handed it to Rick. "This is your ARTwatch. It gives you access to selected parts of the house."

Rick took his own watch off and put it in his pocket, than fastened the new watch around his wrist. Its top was a black mirror, but when he flipped his wrist up, it displayed an old-fashioned analog watch face. "I guess I'm supposed to wear this all the time."

"Yes," Cairo said. "It is waterproof and close to invulnerable." He glanced at his own watch. It was identical to the one he'd given Rick. "It's 8:00 p.m. You start in an hour." He stood up and started for the door. "I'll show you to the performers' lounge."

When Rick followed Cairo out of the sitting room, he saw Dan Alexander at the front door, flirting with the butler.

18

Dan grinned and waved at Rick, then turned back to the older man and asked, "So, what's the Royal Marines' version of 'Take it easy, okay?'"

The performers' lounge was a medium-sized room filled with comfortable modern furniture. Three make- up mirrors were spaced along one wall. Cairo pulled a curtain aside, revealing several lockers. He pointed to the first one. "This one is yours." Its front was smooth fine-grained wood, blank except for the embossed steel letters "ART" and a small square of black glass.

Cairo pointed to the glass. "Put your thumb there. Then on the ART watch."

Rich did and the locker door opened silently. "Only your thumb will open it," Cairo said.

"Cool." Armitage Research Technologies was a Fortune 25 robotics, communications, and consumer products company. Its ART products were very popular, but also extremely expensive. He put the envelope of cash on the top shelf and pressed a softly-glowing button. The door closed with a soft click.

"Please make yourself comfortable." Cairo gestured to a

small wet bar at the far end of the room and then bustled out.

The shelf behind the bar held bottles of top shelf liquor. The refrigerator was stocked with champagne, several brands of beer, and expensive bottled water. An elaborately-carved mahogany box filled with machine- rolled joints sat on the counter.

Rick took a bottle of water out of the refrigerator and sank into one of the chairs, facing a giant wall-mounted flatscreen showing pictures of naked men. This place and the people in it were a bit overwhelming. Still, a gig was a gig. He'd danced for private parties before, but the audience had always been women. They'd gotten pretty raunchy, especially after a few drinks. He wondered what a group of gay men would be like. His cock stirred at the thought.

"Well, if it isn't my favorite Dick." Dan Alexander waltzed into the room, followed by Joel Cairo. He was a big black bodybuilder, Rick's age, but bigger and heavier, with close-cropped hair and a neatly trimmed beard, wearing tight khaki shorts and an equally tight white tank top that showed off his muscular body. "How's it hangin', Bro."

Rick stood up and embraced Dan. "Getting' pretty hard,

Stud." He kissed Dan, who kissed him back, using a lot of dirty tongue.

Dan grinned. "It's a lot harder now." He ran his hand over the bulge in Rick's jeans.

"Yeah. You do that to me."

Cairo cleared his throat. "Mr. Dangler."

Dan patted Rick's ass and then turned to face the older man. "Yes?"

"If I may have your attention for a moment." Cairo went through the ARTwatch and locker routine with Dan, the looked at his own ARTwatch and frowned. "Mr. Ramm should be here by now." He shook his head and sighed. "These Hollywood types."

After Cairo left, Dan took Rick in his arms and kissed him again, long and hard, leaving both young men with massive erections. "Damn, you feel good," Dan said.

"So do you," Rick answered. "It's been too long,"

"Sure has. It's just so hard . . ." Dan ground his crotch bulge into the bulge in Rick's jeans.

Rick laughed. "WE'RE sure fuckin' hard."

"Yeah," Dan agreed. "You always get me turned on."

"Same here, Stud." Rick looked at the clock on the wall over the makeup mirrors. It was a big square of fine- grained wood with softly-glowing modernistic hands and numbers. The embossed steel letters "ART" were set in one corner. "It's 8:20 p.m." He pointed to the long couch stretched along one wall. "Plenty of time for a quick roll in the hay."

"It's tempting," Dan said. "But Cairo could come back." "You think he'd mind?"

"Well, he's sure got a poker up his ass," Dan answered.

"I bet he'd rather have a dick up his butt," Rick said. He and Dan laughed.

"Most likely," Dan agreed. "I think everyone in this house is gay. Sean sure is."

"The butler?" Rick asked. "He's all right, for an old guy."

Dan nodded. "Sean was a Royal Marine and he is in SHAPE. He could kick both our butts without breaking a sweat."

"I'd rather have him fuck our asses."

"That could be arranged," Dan said. "In fact, I've made a date with him. After the gig tonight."

"You slut!" Rick laughed and slapped Dan's muscular butt.

"Use it or lose it, Bro."

"No problem of that with YOU."

"Well . . . Between school and dancing, I don't get as much sex as I'd like." Dan was an Electrical Engineering major, as well as being active in the GBT Delta Lambda Phi fraternity. "I told Sean that 'sexy soldier' was one of my costumes." Dan grinned. "He said he was going to teach me how to REALLY use a bayonet."

"I'm sure he will. But, that's later. " Rick looked over at the couch and then up at the clock. "There's still time for that roll in the hay."
"Well . . . maybe we COULD fool around a bit." Dan

reached for Rick's belt. As he was unfastening its buckle, the door opened with a soft click.

Joel Cairo came in, followed by a muscular man in his mid-20s. He had tangled shoulder-length dark brown hair with blond highlights and a black mustache and goatee. He was wearing a torn white undershirt and frayed blue jean cutoffs. "Fuck your schedule," he said, slurring his words slightly. "I'm here now, aren't I."

"Yes, Mr. Ramm," Cairo answered. "But Mr. Armitage—"

"Fuck Mr. Armitage." Rod Ramm bent Cairo over and humped his butt through their clothes. "And I probably will, before the night is over."

He reached around the older man's body and groped his crotch. "I'm worth way more than what your boss is paying me and he knows it. And if he doesn't, he'll learn fast enough." He pushed Cairo away. "Now, go polish your knob."

"Just be ready to perform." Cairo minced out.

"Fuckin' little ass-kissin' prick," Rod growled after the door had closed behind Cairo. "I'm so goddamned tired of these rich assholes and the self-important turds who work for them."

He seemed to notice Rick and Dan for the first time. "You must be the other dick dancers."

"Yeah," Dan answered. Rick just nodded. Rod had an impressive bulge in his tight-fitting cutoffs, but he was a lot shorter than he looked in his videos.

"Welcome to the big time." Rod looked around the room. "Who do you have to fuck to get a drink around this place?" He stumbled over to the bar, took a bottle of Bunnahabhain 25 off the shelf, and splashed the Scotch into an oversized tumbler, spilling a little on the counter. "Guess this will do."

Rick winced as he watched Rod down half the liquor with one gulp. He'd worked in a high-end liquor store for a while. That bottle of Scotch cost $900, which was a month's rent on his one-bedroom apartment. Oh well. Mr. Armitage could afford it.

Rod reached for the bottle again, but then hesitated. He opened the mahogany box and frowned. "No coke? What kind of cheap ass place is this?" He looked at Dan and Rick accusingly. "Did the two of you use up all the blow?"

Dan just glared back at Rod. "That's the price of getting here late," Rick said.

Rod balled his hands into fists and took a step forward, then shook his head and laughed. "Okay, you got me." He took a joint out of the box and lit it with a crystal lighter. "I'm being a prick. Sorry, but I've had . . . uh ...

" He took a few deep tokes, drawing the smoke in slowly, holding it for a long time, and then letting it out gradually. "Let's just say it's been a rough week." He held the joint out. "Want some?"

Dan hesitated, but then took the joint. "Oh, why not?" Rick had never seen him smoke pot before. He took a long drag and then passed it to Rick. "It's a party," Dan said, letting the smoke trickle out of his lungs. "Might as well get in the spirit."

They passed the joint. Rick poured himself a quarter glass of Bunnahabhain and sipped it slowly, savoring every expensive drop. Even the rich peat-heavy fumes were intoxicating.

The clock over the makeup mirrors chimed softly. It was 8:50 p.m. "Showtime," Rick said. "Who goes first?"

"Not me." Rod lit another joint. "I'm the headliner."

Dan shrugged. "I'll do it." He opened his suitcase and took a police uniform out.

Rick laughed. "You're doing 'hot cop?'"

"Sure. That always gets a good reaction from the ladies. I bet gay men will like it, too."

"No doubt." Rick opened his suitcase, revealing his own cop outfit. "I guess I'll do 'sexy lumberjack.'"

"No," Dan said. "Let's dance together. Two cops are better than one."

***

Cairo showed up at 8:59 p.m. He led Rick and Dan down a wide utility hall with a smooth tile floor and bare walls. They stopped at a pair of heavy wood doors. "This is the party room." He opened one of the doors. "There is no stage. That will make it easier for you to interact with the audience."

He gave them an oily smile. "The more you interact with the men, the better your tips will be." The audience members could use their ARTwatches to tip the dancers. Rick's and Dan's ARTwatches would vibrate every time they received a tip.

"Okay . . . Stud." Dan put his hand on Cairo's butt and fondled his crack, making the older man squirm uncomfortably. "We can handle the interaction stuff." He slapped Cairo's ass and stepped away, then blew Rick a kiss. "Come on, Bro. It's showtime."

"All right." Rick bent over, bumping his butt into Cairo's crotch, then straightened up and took Dan's hand. "Let's go interact." They stepped into a large room illuminated by swirling colored lights and pulsing with dance music. It had a big dance floor with an elaborate lighting system, a DJ booth, and a long bar stretching along the far wall.

White lights came up and the music faded when Rick and Dan reached the middle of the dance floor. The room held at least two dozen men in various states of dress and undress, from slacks, sports coats, and ties to totally naked. Many of them were wearing leather.

The crowd cheered and a tall muscular man with a black buzz cut and beard stubble joined Rick and Dan in the spotlight. He was wearing a black leather jockstrap, a black leather and chrome chest harness, and heavy black work boots. Rick recognized him instantly. He was Steve Steele, owner of Steel Steve's Global Health Club, a very public advocate of LGBTQ causes, and—more privately—a relentless butt slut who'd entertained half the muscle men in Austin.

Steve grinned and struck a body-building pose, showing off his bulging chest, arms, legs, crotch, and super-sculpted ass. He thrust his crotch forward, displaying the big bulge in his jockstrap.

"Gentlemen!" Steve's booming voice filled the room. "And you guys, too." The crowd cheered and reached for him. He kissed one guy and said, "Later, dearie." He patted another man's butt and fondled a stiff dick, then stepped between Rick and Dan. "Doms and subs! Pitchers and catchers! Big dogs and little puppies! Lend me your ears!"

"I'll lend you my cock," a big hairy bodybuilder with a heavy beard and mustache called.

Steve gave the man a thumbs up gesture, then went on. "It

gives me a great boner . . . uh . . . pleasure . . . to introduce . . ." He took Rick's hand and held it high in the air. "The ever-exciting, ever-hard . . . OFFICER RICHARD LONG!" He slid his hand down to Rick's butt. "If you think you've seen long . . . You haven't seen Dick!" The crowd cheered and Rick's already-swollen cock grew even harder.

"And in this corner . . ." Steve moved over to Dan and ran his hands over the big bodybuilder's arms and chest. ". . . The cop you most want to meet in a dark alley . . . OFFICER DAN DANGLE!" He stepped in front of Dan and bent over, grinding his ass into Dan's bulging crotch. "The hardest man on the force." The crowd's cheers grew even louder.

Steve straightened up and faced the crowd. "So, bitches. Bend over and give it up for our hot cops!" The music came up as he sashayed away, waving his butt suggestively at Dan and Rick.

The first song was uptempo. Rick and Dan gyrated to its pulsating beat while trading frequent glances. They'd decided to leave the music to the DJ, but had planned a set of coordinated moves.

They were both wearing black uniform caps, black short-sleeved police shirts with embroidered badges, black pants, highly-polished black boots, and shiny black leather belts.

Rick saw Dan unfasten his shirt collar and copied him. The two men danced through the crowd, unbuttoning their uniform shirts and pulling them open, exposing their muscular chests. Rick's ARTwatch vibrated briefly. He'd just received a tip.

"Yeah! Show us your tits!" A shirtless man wearing tight blue jeans put his hands on Rick's chest and pinched his nipples. "Damn! You are fucking hot!" He tried to pull away, but Rick caught his hands and held them in place. The men surrounding him cheered and his ARTwatch buzzed several more times.

"Tuning in Tokyo," Rick said, reaching out and twisting the man's nipples. The guy was bald with a hairy chest and a big bulge in his jeans. He grinned and turned away, then bent over and waved his butt at Rick.

The buzzing on Rick's wrist was almost continuous as he grabbed the man's waist to hold him in place and humped his crack. Rick's cock was painfully stiff as he let the guy go. He took his shirt off and tossed it into the crowd, getting more cheers.

The lights following Rick and Dan were white, but swirling colors surrounded them as they danced topless in the middle of the crowd with the men's hands all over their chests, arms, thighs, butts, and crotches.

Rick pressed his body against Dan's and kissed him. Then, he stepped back and unfastened the big bodybuilder's belt. The crowd roared its approval as Rick gripped the waistband of Dan's black tear-away pants and pulled them off, leaving him dressed in his uniform cap, boots, and a bulging black leather jockstrap with a shiny chrome zipper running down the front.

Dan struck a pose, with his legs spread and his arms lifted, showing off his bulging muscles. He grabbed Rick, spun him around, and bent him over, then pulled his tear-away pants off, revealing his tight-fitting black briefs.

The music slowed down, turning soft and dreamy. Rick and Dan glided through the crowd, pausing to let a cluster of men fondle their hard bodies and then drifting on to the next group. The smells of pot and expensive liquor filled the air.

"I'm here!" a loud voice called. "Let's get this party started." It was Rod, standing at the party room's main entrance, holding the bottle of Bunnahabhain in one hand and a joint in the other, alternating between swigging Scotch and toking high-powered pot. He was still wearing his torn white undershirt and frayed blue jean cutoffs.

White light came up around Rod as he stepped onto the dance floor, walking a little unsteadily. He took a long pull of Bunnahabhain and then dropped the bottle.

An athletic young man wearing a black and white tuxedo thong and a matching bow tie dashed forward and caught the falling bottle without spilling a drop.

The music stopped as Steve Steele emerged from a cluster of naked men and hustled over to Rod. "Guys and horndogs!" he announced. "Aggie Fags and Faggy Aggies!" He moved behind Rod and bumped his bulging leather jockstrap into the other man's butt. "He's here! He's queer! And he's ready to get down and dirty!" The DJ played a drum roll, gradually building in intensity and ending with a cymbal crash and a burst of electronic noise. "Rod Ramm!"

Rod took a final toke, drawing the joint down to a stub and then tossed it away. Another Tux Boy in fancy undress—naked except for a tuxedo thong, bow tie, and shiny black shoes—picked the smoldering roach up and carried it away.

Steve frowned and whispered something into Rod's ear. Rod just shook his head stubbornly. Steve shrugged and walked away, looking pissed. He stopped beside Rick and growled, "He's too fuckin' drunk to dance."

The music came up, loud and insistent. Rod stood still, swaying with the driving beat. He took a step forward and almost fell over. A Tux Boy approached him, but he waved the young stud away and looked at the men surrounding him. "You really wanna watch me DANCE?" He pulled on his white undershirt, widening the tear and exposing his muscular chest. "Or would you rather see my cock?"

Several men shouted, "Cock!" Another yelled, "Take it off!"

"All right." Rod unfastened his cutoffs. They fell around his ankles, freeing his stiff pole. It was a lot longer and thicker than most guys' tools, with a broad bullet-head, towering above his shaved balls. He stepped out of the cutoffs and kicked them away. "Who's gonna suck my dick?"

Rick was tempted, even though Rod had been a serious. . . dick . . . to him, Dan, and everyone else in sight.

There was something about the man's massive . . . rod. . . that was almost irresistible.

He looked over at Dan, who was staring at the gay porn star

with open lust.

"I'll do it." A muscular man—all the men in the audience seemed to be muscular—with a shaved head and bushy beard stepped up and wrapped his hand around Rod's hard-on. He was wearing a black leather jockstrap fastened to a chest harness and the standard heavy black boots.

"So you're gonna suck my cock?" Rod asked. The man nodded and Rod pushed him to his knees. "Then, get on with it." The man bobbed over Rod's stiff pole while kneading his balls.

"Billy Butt," Steve Steele said. He was still standing beside Rick. "What a surprise."

"You know him?" Rick asked.

"Honey, I know EVERYBODY." Steve patted Rick's butt. "Even you."

"But, we've never met," Rick protested.
"I've seen you dance," Steve answered. "You've got a real talent." He ran a slow finger along Rick's crack.

"Well . . ." Rick's cock, already long and heavy from the

excitement of dancing nearly naked for a roomful of lustful men, hardened rapidly, stretching his tight briefs.

"You like that." Steve ground his leather-clad crotch into Rick's butt crack and reached around to fondle his stiff dick.

"Of course." Now, Rick's cock was rock-hard, standing straight up with precum leaking from its tip and soaking his briefs.

"Are you a top or a bottom?" Steve asked. "Yes."

Steve laughed. "Good. I usually like it up the butt, but I want your sexy ass."

"That'd be all right," Rick answered. "But, I want to fuck you too."

"Oh, you will." Steve patted Rick's butt and then stepped away. He did something with his ARTwatch and Rick's watch vibrated with a different pattern. "I just gave you my contact information. We'll get together soon."
"Well . . . okay." Rick was disappointed.

"I'd pull your briefs down and take you right here on the dance floor with the whole crowd watching," Steve said.

"But I don't want to be greedy. All these guys want you." He gave Rick a hot dirty kiss and then disappeared into the crowd.

Dan pushed his way through the men to Rick. "Yo, Bro." He looked down at the big tent in Rick's briefs and grinned. "How's it hanging?"

Rick laughed. "It's not hanging at all, Stud. It's sticking straight up."

"I'm just as hard," Dan said. "It just doesn't show as much with this leather jockstrap."

"You could take it off." Rick reached for the zipper.

Dan pushed Rick's hand away. "When the time is right, Bro." He stepped behind Rick and humped his butt while stroking his swollen pole.

Rick pushed back against Dan's leather-clad crotch bulge. He was usually a top, but he couldn't get enough of the big black man's hard cock. "The time is right now."

"You think?"

"Yeah. Fuck me." Rick had never had sex in front of an audience, but the idea was incredibly arousing.

"Well . . . If you're sure."
Ten feet away, Rod was holding Billy Butt's head motionless, roughly fucking his face while a dozen men watched. "Jesus! That's good!" He pushed Billy away. "Who's next?"

"Me." A man with a buzz cut and a closely-trimmed beard, naked except for heavy black boots and a cock ring fastened to a black leather and chrome harness, took Billy's place. His dick was enormous, with a wide plow-shaped head. He stroked Rod's stiff shaft while licking and sucking his balls.

"Ready to get fucked?" Dan humped Rick's butt crack while reaching around to stroke his hard cock.

"Oh yeah!" Rick's hands were on the waistband of his briefs when his ARTwatch chimed and flashed insistently. Rick flipped it up and letters streamed across its black face. "Cops! Arrest that man."
Dan was looking at his own ARTwatch. "Back to work, Bro."

"Okay," Rick said. "You can fuck my ass later." He waved his butt at Dan suggestively.

A police siren split the air and strobing hot red and blue lights followed Rick and Dan as they approached Rod. "Don't move," the DJ's distorted voice announced as they grabbed Rod's arms and pulled him away from the buzz cut man. "You're under arrest for public lewdness."

The flashing colored lights on Rick, Dan, and Rod turned white again. The DJ played "Bad Boys" as a pair of Tux Boys came through the service door, carrying a heavy steel sawhorse. It was painted black, with padding on the top and leather cuffs attached to its legs. They set it down in the middle of the dance floor and walked away.

"Okay, punk," Dan said. "Assume the position." He and Rick bent Rod over the sawhorse and fastened the cuffs around his wrists and ankles, leaving him immobilized with his butt exposed and vulnerable.

"What are you going to do?" Rod sounded frightened, but he was an uncommonly good actor. He'd started out doing "naive gay boy next door" parts, but his last film, "Master / Slave," had won two "Kinky Video" awards: for best film and best actor. He'd played a sexily scary dom with one man and a hot initially- reluctant sub with another guy.

"Whatever we want," Dan growled. He raised his voice. "Is

there a paddle in this joint?" A Tux Boy appeared in seconds, carrying a black leather paddle. He handed it to Dan and walked away while the men in the audience gathered around the bench.

Dan held the paddle up. Its business end was two strips of sewn-together black leather, 15 inches long and three inches wide, with a tapered riveted handle. He slapped it against the palm of his hand. "This will do fine."

He stepped behind Rod and slapped the paddle against his bare buttocks. It made a loud crack and its curved end left a perfect half-moon mark on his ass. Rod screamed and tried to pull away, but the bench held him firmly in place. "Jesus!" he gasped. "That hurts!" His cock had grown even harder.

"Look." Dan reached between Rod's spread legs and caressed his stiff pole. "He's getting off on it."

"No!" Rod squirmed and squealed as Dan paddled his ass, turning his buttocks bright red with a series of smooth measured strokes.

"Oh yes," Dan said. "Take it boy." Rick was surprised and a little scared by Dan's obvious excitement. He'd never seen this side of his big black fuck buddy. "If you do the crime, you gotta do the time."

"God, you've got a sexy ass." Dan fondled Rod's hot pink butt cheeks, then ran a finger up and down his crack, teasing his little puckered hole. "Perfect for fucking." He slipped his index finger into his mouth, coating it with spit, then pressed it into Rod's anus.

"Oh, Jesus!" Rod moaned, pushing his butt back to take more of Dan's finger.

"You like that?" Dan twisted his finger inside Rod's butthole.

"Fuck yeah!"

"Sir!" Dan snapped.

"Fuck yeah, SIR!" Rod gasped. "I really like that!"

"You'll like a big fat black cock up your bright red ass even more," Dan growled. "Won't you . . . Boy?"

"Oh yes, Sir! Please slide your big fat black cock up my ass! Fuck the hell out of me."

The men in the audience were standing in a rough circle around the bench with their cocks out. Most of them were jacking off. Several were masturbating each other. "Yeah!" one shouted. "Fuck his ass!"

The crowd chanted, "Fuck his ass! Fuck his ass! Fuck his ass!" A Tux Boy magically appeared, handed a big squeeze bottle of lubricant to Dan, and vanished again.

Dan lubricated his index finger and slid it up Rod's ass. It went in easily and Dan worked it in and out, twisting his wrist to distribute the lube evenly. He pulled his index finger out, then smeared lubricant on his index and middle fingers and pressed both fingers into Rod's puckered hole.

"Oh Jesus!" Rod gasped. His stiff cock jerked in time with Dan's rough finger thrusts. "That feels good!"

"Fuck his ass!" The crowd's chanting grew even louder. "Fuck his ass!"

"Yeah!" Rod said. "Do it now!"

"Oh-Kay!" Dan turned to face the crowd and pulled the zipper on his bulging leather jockstrap down, freeing his big hard cock. The men surrounding him gasped at the sight of his giant mahogany pole with a broad plow- shaped head.

He turned slowly, giving all the men a good look at his mammoth erection, then coated his stiff pole with lube, gripped its rigid shaft, and guided its head into Rod's hole.

"Fuckin' Jesus!" Rod groaned as Dan's cock-head stretched his asshole. "That's BIG!"

"Too big for you?" Dan pushed in deeper.

"Oh hell no!" Rod answered. "Keep going. Just take it— " He screamed as Dan's flaring head slipped through his anal ring and his long thick rod slid home. "Oh yeah," he gasped. "That's . . . Damn!"

Dan drew back slowly and then pressed back inside. "You've got a fucking tight ass."

"Your big fat black cock feels great," Rod said. "Now, fuck me good and hard. I'm ready for you."

"All right." Dan pulled completely out and then pushed his cock-head back through Rod's anal ring. "I'm gonna pound your hot sweet asshole." He teased Rod's ass mouth with a few more shallow strokes, then fucked him hard, pulling out and then slamming home, bouncing his swinging balls against Rod's butt cheeks.

"Oh yeah!" Rod gasped. "Hammer my ass!" He rocked his butt back to meet Dan's driving cock.

"Take it, Boy!" Dan growled. "Take my big hard dick." "Man!"

Rod groaned. "That's so good."

Dan slammed Rod's butt harder and faster. "I've got a big hot load for you."

"Shoot it!" Rod cried.

"Here it comes." Dan rammed Rod's ass over and over, pulling almost out and then driving home, slamming his pelvis against the bound man's muscular buttocks.

"God damn!" Rod gasped. "Your hot cum . . . Feels so good!"

"You've got a fucking great ass." Dan pulled his stiff pole out of Rod's butthole. His cock gleamed with lube and cum. He patted Rod's butt, then stepped away from the bench and turned to face the crowd. "Who's next?"

GOOD FRIENDS
Billionaire Gay Story

My best friend Lexie and I have been friends since she was in high school and I was in middle school. She was friends with my sister and after the accident, she still came around for me. Lexie ended up pregnant in her last year of high school. The dumb jock that knocked her up disappeared to college, leaving her to raise her son alone.

I started a business at 16 that made millions by the time I was 18. I bought more businesses and made a multi- billion dollar corporation. I supported Lexie and funded her way through college. Then I hired her as one of my managers.

I was close with Evan. He was the son I could never have. I was sterile from leukemia as a child, so I tried my best by him. Lexie and I would never be a couple because as she and her son knew, I was gay.

I had acquired an island for my own private use in the Philippines. I was headed out there for a month long stay. I had arranged for Lexie and Evan to come along.

I knew they would like the sun and sand, and the privacy to do as we pleased. However, Lexie had an emergency come up at work, and when I suggested we postpone, she shot me down.

"You have been looking forward to this trip for some time," she said. "Evan just turned 18 and you thirty. Take him out there and live it up a little."

So Evan and I packed our bags and the day were to leave was the first day of his summer break. I drove to their house and found that Evan had not yet gotten home from school. Lexie had to talk to me about something anyway.

"When you are out there, I want you to bring up the subject of sex."

I stared at her, dumbfounded. "What exactly do you need me to talk to him about?" I stammered out.

"All of it."

"What do you mean all of it?" I exclaimed.

"I mean, I never got around to telling him about it." She was bright red and shamefaced, but I let her have it.

"How could you not tell him?" I shreiked. "He could be out right now getting some girl knocked up. Do you want him to go through what you did, or did you think he would turn out like his father?"

"I thought that if he didn't know..." she trailed off.

"That he wouldn't get into trouble?" I demanded. "Lexie, he may be in more trouble than you realize. We may not have STD"S anymore thanks to the vaccines, but he could easily do something he will regret for the rest of his life."

I couldn't say anymore, because I heard the front door open and close. Evan was home. I shot her a dirty look and went out to meet him. He was stoked about the trip, I could tell. He grabbed his bag and we were off to the airport.

***

Life is good when you are a billionaire. It was better than being royalty. You are royalty without the title. I had a private jet, staffed with my own personal staff. The pilot was a man who loved to fly and the steward was usually one of my three assisstants. All three of them were at the Island making the final preparations, so I hired a temp.

The flight was long and then we had to get through customs on the other side. I had shipped most of our stuff that we really needed a week ago. My head assisstant, Alex, called yesterday about it's arrival.

After all that, we climbed in my boat and sped off to the Island with Alex at the helm.

On the trip, Evan and I talked about a lot of things, sex not being one of them. I wanted to know more about his life. He had a great head on his shoulders, with a cool calm temper to match.

He was more chill than hot head. He was the kind of person who let you do as you please unless it interfered with his life.

As we approached the island, I went below and changed out of my clothes. I was here for the sun and I only wore a swimming thong to prove it. I sent Evan to change as well and got the pleasure of seeing his face when he came up. He was stunned by me showing so much skin. I had a great body and wasn't ashamed of showing off.

He, however, surprised me. He wore a pair of long shorts and a T-shirt. I asked him, "Why are you all covered up? We are here to work on our tans and hit the beach."

"Mom always said that we shouldn't show off our bodies like that," he whispered. "She says that lust is a sin that punishes the wicked and evil."

"Am I wicked and evil, Evan?" I asked.

"NO!" he shouted velhemantly. "you've been nothing but good to me and my mother. You have a pure soul and aren't afraid of evil because you are so good."

"Evan," I said bewildered. "I have no idea what makes you say these things. I am just as falliable as the next man. What I choose to do makes me a good person, but i'm no different from the next man. Besides, what has put these radical ideas into your head."

He looked as stunned as I was. I was seeing a chasm in between us that I hadn't noticed before. I knew then that I should have had more alone time with Evan than all the times we went out with his mother.

I watched him battle inside himself for the right answer. Finally he looked me in the eye and said, "Don't all good boys behave this way?"

"Evan," I said. "You are not a boy anymore. You are a man. You have been for some time. Now that you are 18, it is time you started making decisions for yourself."

"But what about sin and evil. Eric, I don't want to be a bad person."

"Then you won't" I said. "I have faith in you. Anger, Envy, Pride, Lust; those are all human emotions. It is when we do them in excess that trouble comes along."

"Mom says that lust is the worst sin of all."

"Your mother fell afoul of that particular sin. I can see why she would feel that way. We will have to discuss lust and sex while we are on the island. There is a lot about life you need to know. Cover up or take off that get up. That choice is yours. I'll be up on deck." I turned and started back up the ladder when he began to shout.

"I WANT IT OFF. UNCLE ERIC, I WANT THE DEVICE OFF!!"

I turned on the ladder and said sharply, "What device?"

"Father Gregory put a device on us boys to prevent us from being led down the path of temptation. He said lust couldn't harm us if he let him put it on."

"Where is it?" I asked fearfully.

He pulled down the front of his pants and I exclaimed,"MOTHER OF GOD!"

There was a hardened piece of plastic around his penis and testicles. I knew that if he even got the slightest erection, it would cause him pain. I could see it was already doing that. The flesh was red and swollen. He had had it on for a long time.

I rushed forward and took him to my cabin. I had him lie on the bed and I brought out my tools. It was the work of five minutes to break the clasp and slowly remove the device. Bits of skin came away with it, making me furious. However, Evan made not one noise nor moved in any way. This alone made me more wary.

I wrapped his penis up in some clean towels, then went to the bridge. My head assisstant Alex was up there singing away to tunes. I quickly had him increase the speed and had him connect me to the island.

Issan and Leo were ready for our arrival. They had a gurney waiting when we arrived twenty minutes later. I had them take Evan off the ship and to sick bay.

There, we assessed Evan from head to toe and what I found made me more than furious.

Evan had welts, scars, scabbed over scrapes, bruises, and peeled off skin. He had been beaten by others and forced to beat himself. I knew that the wounds were superficial when compared to the emotional trauma. But I used a new medicine that my company developed. It cleaned and healed wounds, faded scars, and encouraged healthy tissue to form.

His penis in particular needed it. The skin and vessels were so thin. Within hours, it had healed and become what it should have been. Someone had done a hack job on his circumcision, and it had been done in the past few years. I hadn't realized when I applied the mixture that his foreskin would grow back.

When I applied the medicine to the lacerations I found on his scalp, his hair started growing rapidly. I saw that patches had been ripped out and cut out in other places. This compound repaired it all and brought it back to life. I let him rest while I went to confront his mother.

***

Lexie was on the big monitor and she was happy. I knew she wouldn't be in about five minutes as she prattled on and on. She told me about the issues with her project and how she was resolving them. Finally she said, "Eric, what is the matter? You look upset."

"How upset would you be," I said slowly and with coldness. "If you found out that someone had been torturing your god son. Beating him, whipping him, tearing out his hair, placing some God-cursed device on his penis so he couldn't have an erection! No wonder you were so sure he wasn't fucking some skank! What the hell were you thinking?!"

"Eric," she said bone white. "I don't know what he has told you, but..."

"TOLD ME!" I screamed. "HE DIDN'T WANT TO TELL ME ANYTHING! I HAD TO COERCE IT OUT OF HIM. THE POOR BOY IS SO TURNED AROUND BY YOU AND YOUR INFERNAL PRIEST THAT HE DOESN'T KNOW UP FROM DOWN!"

She was shaking and I knew why. SHe knew me well enough to know what i would do next. And I did it.

I said calmly, "Until the situation has been investigated and you clear of all charges, you are hereby placed under suspension. Your computer, phone, and accounts will be seized effective immediatly. You will be paid a portion of your salary until such a time as the matter is closed. Gentlemen, please escort Ms. Gregory out of the building."

Two security guards appeared out of nowhere and took Lexie by the arms. She tried to fight, but they forced her out of the chair and down to human resources. There she would be forced to relinquish her phone, ID, and anyhing else of company property. I called another manager and had him assume control of her department for the time being.

Alex and I began to talk about Evan. His future was secure in the trust I had set up for him as a child. But in the immediate future, he needed help. Mental help. We came up with a plan and set it into motion.

The next morning, Evan woke up healed, with long hair and a longer penis than he remembered. He was in his room and had spent the night in a drug induced sleep. His shout of surprise was heard throughout the whole house as he discovered that all of his clothes had mysteriously vanished.

"Uncle Eric," he yelled. "Where did you stash my clothes?"

"Come in here," I said. "We need to talk. Don't worry about your clothes this second. I've seen it all before and nothing surprises me."

He came in, quietly, his hands in front of his genitals, clearly embarrassed. I looked him up and down as he sat quickly in a chair and crossed his legs to help cover himself.

His wounds had healed and he was looking 100% better.

"Evan," I said. "Whatever has been done to you, the beatings, the hair ripping, even the device, all of it, it has been wrong. They had no right to do any of that to you, whatever their or your beliefs are. You are a human being with free will and a right to live the way you want."

"I understand that now, Uncle Eric," he whispered. "I know that they did wrong. I knew it back then when they started, but was too scared to try to stop them or speak out. But when you gave me the choice, it all came out. I couldn't bear being locked up inside myself while everyone was able to be themselves."

"You have that right Evan," I said leaning close. "You will always have that right."

"Thank you," he said, tearing up. He sniffed and said," Now, what happened to my clothes?"

"Ah, about that," I said. "I thought it would be best if you were to gain confidence and security about yourself. The best way I thought how was to take them away."

"You want me to run about naked?" he said incredulously.

"Yes," I said nodding my head. "You are uncomfortable in your own skin. Now that you have to wear it and show it off, you may feel better about yourself and realize some truths that have been hidden from you. Go, enjoy the beach and the springs on the Island. Have fun and play. Feel what it means to be young and free. Then when you are more secure about yourself, we will talk some more."

***

Evan took my words to heart. Timidly at first, he went out to the beach and the fresh water springs on the island without a stitch of clothing. Within two days he was more comfortable with himself, more used to being in his own skin. He refused to let us cut his hair, which hung to his waist in black waves.

Quickly his skin tanned without burning. Nightly we spread a medicated paste on him from head to toe. It kept him tan and blocked excess radiation. He shone with health and happiness by the third day.

On the fourth day, he came to me with what he felt was a huge problem.

He said, "Uncle Eric, something is really wrong. I think that device did something to me."

I was concerned at first, he was hiding his lower half in the doorway and looking ashamed. I asked, "What is the matter?"

He walked out then and I saw the issue immediately. "It won't go down," he whispered.

He was getting an erection, probably the first he could remember. His newly healed penis was ultra sensitive, so I was surprised it took this long. I sat him down and started my explanation.

I told him about sex and how it was used to make children between men and women. I explained how it worked and that it was natural. It felt weird to explain this to an 18 year old, but he had been neglected in this area of his education. I was partly to blame, as I should have spent more alone time with him and gotten to know him much better than I did.

He asked, "So this is normal, huh? How do I get it to go away?"

"Evan, there is a thing guys do. Technically it is called masturbation, but men call it jacking off. What you do is rub your cock up and down with your hand. You now have a foreskin, so you shouldn't need a lubricant. Change your pace and rub your hand around your body. Find the sensitive spots. You'll know when you find them.

"When the pressure gets too much, keep going. Just let nature take it's course. You'll know when you'redone."

Evan was very doubtful. He stared down at his semi- hard 8" cock and gingerly gripped it with his hand. Slowly he began to move his hand back and forth. He gasped a little than began to move his hand faster. His cock stood fully erect and he was showing no signs of stopping. Knowing that he would get to the right spot without me around, I stood and began to walk out of the room.

"Wait," Evan called out huskily. "I want you here."

Raising my brows, I walked back to the chair and sat down. Quietly, I watched him play with his meat, his pace going from fast to slow. He just sat there watching me, his one hand working, the other just lying there. Finally, I reached over and started playing with his nipple and he tensed. I knew what was coming, but he didn't.

I said, "That's it. Almost there."

His hand went faster and faster. He screamed, "OH SHIT!" and he came. Thick white ropes of cum flew out of his cock, painting his entire chest and face. He howled his pleasure till the windows shook and birds took flight.

His body finally came down, muscles and tendons unknotting as all tension left him. He lay there for some time, gasping for breath, his eyes wide and unfocused. He finally turned to look at me and I started laughing my head off at the expression on his face.
I reached over and took a big glob of cum from his chest and pushed it into his mouth. He was too far gone on cloud 9 to even think of resisting. He tasted his own cum and liked how it tasted. Slowly he scooped up more. He kept eating it until it was all gone.

I leaned over him and kissed his forehead, getting the slightest taste of his jizz. Smacking my lips I said,

"Now that you have experienced that, there is so much more for you to learn."

Still gasping for breath, he said, "If that was the first lesson, I can't wait to find out what comes next."

I tilted my head back and laughed.

UNEXPECTED DELIGHT 1
Billionaire Gay Story

It was 9:30pm on a Thursday Night. I had just left a meeting with some business associates in downtown NYC. I was debating taking the Path back home to NJ, or spending some time in the city. I wasn't really hungry, but could use a drink, so I decided to go to a bar. But where? I called my girlfriend, told her I was going to stay in the city for a few more hours, so I wished her a good night, and told her not to wait up for me.

Not only was I in need of a drink, but I was horny as hell. Not horny for pussy, but really wanted to suck a nice big rock hard cock. I'm what you may define as a size queen. As a closeted bi-sexual, it's what I like. I thought of this bar I went to on Christopher St. a few years ago, it was a gay bar, and I was more than certain I could get off. So I flagged a Taxi and headed to the bar.

I walked in, the room was fairly large, with a bar shaped like an oval, in the center was the bartender and all the liquor. The place was relatively quiet, just a few people sitting at the bar, a couple older men singing at the piano to the farther end of the place. Except for the bartender the crowd was really not anything worth looking at, at least not my type. So I said to myself, "fuck it" I'll get a beer and leave. I sat down, ordered a beer, and the bartender a young guy, I say around my age 25 or so, but had smooth dark skin, almost a caramel complexion, most likely from tanning, served me my drink. He was definitely good looking, but very feminine, probably a bottom, so I knew it wouldn't work out. I was about to pay him, but he said the drink was taken care for. I asked who, and he pointed to a man sitting at the opposite end of the bar. The guy he pointed to had to be over 60 years of age. He had a helmet gray-white hair, slightly wrinkled face, yet distinguished looking, he was wearing a dark suit, with a white buttom down shirt and a red tie. He may have been good looking at one time, but right now he seemed to me to be nothing more than an old man, not my type at all. I looked at the old man, smiled, tilted my head in despair, and faintly asked myself, why? Now I was rushing to drink my beer, and leave as quickly as I could, hoping my old man admirer would not want a conversation with me. Maybe buying me a drink was enough to get him off. At least I hoped. And then sure enough, he stood up, made his way around the bar, and sat right next me. He was a tall man, I say about 6'2". His body was average looking, not muscular, but not soft either. He looked firm.

"Is this seat available."

"Yes, please sit." I reluctantly said. What was I supposed to say?

"My name is Harry," the old man said extending his hand.

"I'm Jack."

"Well Jack, how are you."

"Not bad, just tired, thought I'd stop here for a drink, then make my way home."

"You live in New York Jack."

"No, I actually live in New Jersey," I whispered.

"I'm from LA, arrived here yesterday, for a business meeting."

"That's nice."

The pleasantries continued for about five minutes, Harry did most of the talking, and answered yes or no. At some point I thought the old man would get the hint, but he seemed oblivious, or maybe just persistant. All of a sudden, he began to talk about sex, and it was then I was ready to leave.

"You know Jack, I've come to this bar several times in the

past, and I can remember there being guys sucking each other, right on top of this bar. How times have changed, and I can't begin to tell you how I'd love a blow job right now." Now the old man gave me this sick looking grin that I immediately, got up, and said abruptly, "I have to go.

Then Harry grabbed my arm forcefully. I was immediately startled, I never thought this old man could have such strength, and then he said to me, "I have a proposition for you, how would you like to make a thousand dollars."

"How" I replied. I love money, so when you over me a proposition where I can make money I'm all ears.

"Jack, come with me to my hotel room, suck my dick, and I'll pay you $1,000."

I said no way, but at the same time I declined, I was debating whether to do it. Hell it's money, money I don't have, but then I'd have to suck this old man little wrinkled weiner. I couldn't, no way. And then the old man said:

"$2,000, no string attached, just suck me off." "What the hell,"

I said. And I accepted.

About an hour later, in a taxicab, without a word said between the two of us, we made it to his hotel. I was surprised to see that it was the Plaza Hotel. I figured the guy was wealthy, I mean after all how many men offer $2,000 to a kid at a gay bar for a blowjob. But then again, it was an old man, so anything was possible, at least I thought.

We entered the lobby, and made our way to the elevator, and he hit the penthouse button. Ok the guy definitely had money. Even if his business paid for the trip, the underlings most certainly do not get a penthouse suite at the Plaza Hotel. We exited the elevator and entered his room, and it was magnificent. Marble floors, windows 2 stories high, wet bar, etc. etc. just beautiful. He asked me to wait in the living room area, as he changed, and told me to make myself at home. I walked to the bar, made myself a drink, sat on the couch and waited for him.

Honestly I could not wait for this to end. I just wanted the money. Whatever horny urges I had were gone. You see, I like men my age with big cocks. That's it. This man, I figured could barely get a hard on, so I was dreading the thought of even have to look at his cock, forget sucking it. But $2,000, how could I refuse.

About 10 minutes later, he walked into the living room, wearing only a white bath rob. His posture was excellent, he stood straight up, actually I thought he kind of looked sexy in that rob, kind of like those distinguished rich men in movies.

But again, nothing I would want to be naked with.

He walked up to me, and without a word handed me a wad a of hundred dollar bills, I knew it to be the money promised to me, I thanked him and put it in my pocket.

I was seated at the edge of the couch cushion, and it was then he started to untie his rob, I made what seemed to be a loud gulp of fear, I closed my eyes, he opened the rob, he pushed the sides under his arms, at that point I opened my eyes, and what I say was completely unhuman. His cock hung like that of a horse. It had to be at least 9 inches long, and it was still flaccid. It was uncut, and his foreskin, hung ever so slightly over the head of his cock. His manhood was so thick, it reminded me of a fire hose. The shaft was smooth looking, no marks visible, not even a beauty mark. And his balls looked like two golf balls hanging in a sack. They were low and huge. Only a little gray hair above his cock, but the cock and balls were free of any hair. It was georgeous.

The old man looked down at me and smiled, "You didn't expect that Jack, did you."

I laughed, and said no way.

I cupped my right hand under his cock, and lifted it towards my mouth. You may have needed a crane to lift his manhood up, it was incredible. With my hand I pushed the foreskin back and revealed the monstrous head, opened my mouth and slowly let his cock enter. I sucked on it like it was a lollipop. It tasted so muscular and so manly. I felt his cock pulsate in mouth, as it grew, yes it grew, bigger and bigger. I couldn't believe it. After a few minutes his cock was almost a foot long, maybe bigger. It was incredible. I kept sucking on it, jerking it off with my right had. His cock was so big my hand could not, would not grip totally around it. I pulled on his balls, occasionally licking them, but my main goal was to make love to that cock. As I sucked him, I started playing with my own hard-on through my pants, and then he asked me if I'd like to strip, I immediately took all my clothes off, and jerked my cock as I sucked him. He kept moaning, telling me I was a great cocksucker. He placed his two hands behind my head and thrusted his cock in my mouth. At one point I tried to deep throat him, getting almost half his cock in my throat. This was a size queens dream, and I was in complete extasy. After a few minutes more, he said he was ready to cum.

"Jack you want this cum in your mouth."

"Yes, please yes."

He took his cock out of my mouth, jerked it off, and came in my mouth, all over my face, on my chest. Everywhere. It felt like gallons of hot jizm all over me. Then I came, what also seemed like gallons, all over my chest. I was lying on the couch like a man whore, covered in cum like a little slut. I loved it.

"How was that Jack"

"Harry, it was unbelievable."

The old man laughed and got me some towels. And then asked if I wanted to shower. I said yes. I couldn't exactly go home to my girlfriend with cum in my hair.

We walked into a shower stall, made for two, and the two of us went under the running water, washing ourselves off.

"So Jack, you seemed very surprised." Harry said.
"I never expected your cock to be so big," I admitted. "Most

people don't, it's 14 inches long you know."

"Really," I said, thought I do think he may have been exaggerating, then again, I had it measured at 12", so really when your that big whats an extra 2".

I then said, "truth is, I love big cocks, so I was pleasantly surprised.

He then laughed, "well young man you are the best cocksucker I've ever had, never has anyone made love to my cock with their mouth like you.

I didn't say it, but his cock made love to me.

"Jack, you have a nice man," Harry said as he looked down on my bubble butt.

I hesitantly thanked him, I mean he could look, but don't put anything in there.

A few minutes later we dried off, and he asked me if I wanted a drink, maybe we could spend few minutes in the Jacuzzi.
I was hesitant at first, but then I stared at that monstrous cock again, and said yes. After all, I should earn my money

right.

A half-hour or so, we were in the tub, talking about work, his wife, my girlfriend. It was then I learned this man was a billionaire, highly successful, and In the same business work as me. I was actually intrigued by this man, and it was then he asked me, "Jack, I'm mesmerized by your ass, I would love to fuck it."

"Sorry, Harry, but I don't do that." Truth is, I love to suck, be sucked, once or twice I even fucked a guy in the ass, but that is the extent of my gayness. I can't even take that pain of a finger in my ass, forget that monstrosity. There was no way.

"Jack, I'll pay you an extra $5,000 to fuck you."

"Look Harry, I just can't take the pain."

"I'll be gentle, I promise, how about $6,000."

This is a guy who gets what he wants and pays to get it. Reluctantly I accepted, but implored he had to use so lube. He imediatley got out of the tub, brought over a bottle of lube, and the told me to lift my ass out of the water and bend over the tub. At first he started to lick my hole. He was an odd feeling, but then it felt kind of good. My cock was getting harder. My ass was his pussy, and he was licking it like crazy. I was beginning to really love it. Then a felt his lubed finger enter, and then the pain, increased. I wanted to scream, but closed my eyes, and coped with the agony. As his left finger was fucking my ass, I felt his right hand cup my semi- hard cock now, and he jerked me off as he finger fucked me. I then became hard as a rock, and was again enjoying the ass play.

"You got a pretty big cock there Jack.

Actually I've always had compliments about my cock, it's 8 inches, cut, 6" thick. But compared to this man, it was nothing.

It was a minute or too later, the old man stood up. I heard him rub lube on his manhood, then felt some on my ass, and his cock, pushed against my hole, and then I felt complete agony, despair, pain beyond my wildest imagination. I let out a moan louder than I have ever screemed, and his huge fire hose entered my ass. He thrusted slowly, then a bit faster. He was gentle but the pain never subsited. I just wanted him to cum. He asked if I liked it, and I whispered an unconvincing yea. It was then he stopped and ordered me to relax. He said if I relaxed my ass muscles, it would feel better. Relax I have the fucking Sears Tower in my Rear, and you want me to relax. But I did, he thrusted again, and all of a sudden, my cock became rock hard, the of his cock in my body, went right through me. My ass was his pussy, and I was his little whore, I liked it. My moans changed from that of agony, to that of pleasure. I then couldn't believe my ears, I told him to go faster. And he did, he went all the way in, his balls slapping against mine, faster and faster. I jerked my cock off like crazy, I was ready to cum, just holding back waiting for him, and then he pulled out and came all over my ass, I came, it was amazing. He rubbed the cum with his cock all over my newly fucked ass. I turned around to look at him, and he smiled.

"How did you like that Jack."

"Harry I can't believe it, it was great."

"Better than sucking."

"I enjoyed it Harry, but I'd rather suck your dick."

"Well it could be an occasional thing we do."

What the hell is he talking about, he's going back to LA. Maybe just a wrong choice of words. But then he said:

"Jack, I have an office here in NYC, and in desperately needs a manager. Since you and I are in the same business, and from my conversation with you, I think you would be the perfect manager. How would you like the job?"

"How much does it pay?" I asked.

"$200,000.00 a year."

"Oh my, but what's the catch."

"No catch, other than, every now and then I may need you to accompany me on some business trips. Once a while I may need you to fly to LA, to give me one of those great blowjobs."

"What am I then your hired whore," I said laughing.

He then grinned, and said, "if that's what you'd like to call it. I'll make you into one of the most richest business men in country, you'll have a mind unlike any other, and in return, I want to see you at anytime, within reason, when I'm horny."

I then said, "Well big guy I am yours, I accept."

"Good Jack, you are going to have a great time, and not just with me, I'll pay for other men to join us, with cocks bigger than mine, and if you want a woman, threesomes foursomes orgies, whatever you want, I'll provide. But there is one more thing."

"What's that Harry."

"I'm horny, come here and suck my dick."

I took his enormous cock in my mouth, and sucked my new boss again. This is definitely going to be the best job I've ever had.

UNEXPECTED DELIGHT 2
Billionaire Gay Story

It has been four months since I started working at Harry's company, and let me tell you, it has been a dream. The job is working better than I could have ever imagined, I'm making more money I ever thought possible, and achieving status I never knew existed. I proposed to my girlfriend and gave her a 3-karat diamond ring. WE just bought a beautiful townhouse, and furnished it brand new. Work could not be better, and as for my sex life, I'm blissful. I have my fiancé's pussy anytime I need it, and then I have Harry, to satisfy the other urges I have, life could not be better.

Harry just got into the city this morning, I just finished my work and I'm on my way to his hotel room. Harry and I meet at least once a month, sometimes twice. I come over to his hotel room, and we usually just sit and talk over a cold drink. Truthfully Harry has become more to me than just a fuck buddy, but is a confidant and a friend. Sex with us isn't a lovey dovey thing, it's just something we do to relieve stress, and fulfill the secretive urges we both feel. When I come over we are just too guys hanging out, no kissing, or caressing, just two guys talking. When the night winds down, we undress, and he places his large 14 inch uncut cock in my mouth, I suck him to completion, and swallow every last drop. When I suck him he doesn't run his hands through my hair like I'm some girl sucking on him, I'm a man, and he treats me like a man, pushing his cock as far down my throat as it will go. This was one problem I had with being with men, I love to suck cock, and I enjoy it immensely, but most men treat you like their girlfriend, rubbing your face, touching your nipples, caressing your skin.

Fucking stop it man, you want to fuck a woman, then fuck your girlfriend, treat me like a man. (I'm sure some of my readers understand what I'm saying, after all many of us are classified as bi, or as I classify myself, straight yet explorative) With Harry that doesn't exist, and it's why I enjoy being with him. We are two friends, both with other women, both love women, but also have an urge to be with a man, and take advantage of that urge. Every now and then, Harry even sucks my cock. I'm not sure if he likes it, but I think he does it as reciprocation. But surprisingly he gives a great blowjob, and he too swallows every drop of my young sperm. AS for fucking, he hasn't fucked me since the first time. I'm kind of disappointed, even though I did not enjoy it much; I kind of miss his huge cock inside of me. I don't' crave it, but I think of it, and sometimes wish he'd tell me to bend over, but I think he enjoys the blow jobs a little to much, so in a way, the fact that he doesn't bring it up, may be a compliment.

So I enter Harry's room, and he greets me with a handshake. We talk about work, he talks about his wife and kids, and I talk about the planning of the wedding. We sit and drink, and talk for about an hour. As I was mentioning the amount of people coming to the wedding, he unzips the fly to his pants, and nonchalantly pulls out his cock. It hangs right over the edge of his pants, semi hard, hanging, like a radiator hose, I'd say about 6 inches.

"Jack, would you suck my dick."

No need to ask twice, I come over to him, lie on my knees, and aim his cock into my mouth and suck. Up and down, my mouth goes, my tongue rubbing on the back of his cock. Cupping his hairless balls in my hands, I increase speed as I allow his cock to fuck my mouth. A few moments later, quicker than usual, he unloaded his cum down my throat, and said in a whisper, after the moans, "Jack you give the best head."

It was at this time, I was jerking my cock fast ready to cum, and he said don't, I have another surprise for you. What could it be I thought, and then there was on knock on the door.

"Perfect Timing," Harry said, as he walked to the door. I

immediately put my pants back on.

The door opened and in walked in a thug locking black man. Not to stereotype, just being descriptive, but this man looked like he was selling drugs on the corner, or just shot the clerk down the street. He was a real criminal looking black man. Skin as black as the dark night sky, stood at about 6'5" wearing baggy ripped up jeans, and a black south pole jacket, 5 sizes too big. He hadn't shaved what appeared to be 4 or 5 days. What is this man doing here, I asked myself?

"Jack this is your present. His name is Tyrone, we have been friends for a long time; he handles all the dirty work of the business. He has my utmost confidence."

"Hi, nice to meet you," I said, with dry cum hanging out of my mouth.

"Yea," Tyrone said in a low tone voice.

"Now Jack, Tyrone has a cock just as long as mine, but as thick as a beer can, and has lots of foreskin, just like you like it. Now Tyrone isn't gay, or bi, he used to sell his cock to make ends meet, till I hired him."

I began to laugh, thinking Tyrone is another one of me, hired to work for Harry, in return for sex. And then I remembered, a month ago I told Harry I would love to suck on a real hung black man, but I mentioned, I would want a thug looking man, I found that kind of black guy more attractive. A real manly looking criminal, if you know what I mean. And here he was.

"No Jack, it's not what you think, Tyrone and I have never had any type of sex, it's a long story. But the other day, I asked Tyrone if he would mind me buying his cock for someone, and he said sure."

"And man, I won't tell anyone." Tyrone said. "So Jack, are you ready for your surprise."

Before I could answer Tyrone came up to me, unzipped his fly and said, "Ok now white boy, take my fucking cock out and suck on it."

I moved my hand in between the slit, caused by the opening of the fly, I then noticed he had on no underwear on, I then felt the skin of his cock, and pulled his weighty man hood out. The length and thickness was no exaggeration. Flaccidly hanging out of his pants, it was delicious looking. A true mahogany rod. I took a smell of his manly must. He was not at all dirty, as I may have expected, the smell of soap still noticeable. I without hesitation opened my mouth as wide as I could, pulled back the hanging foreskin, and stuck his cock deep in my mouth.

"That's it you fucking white boy, suck that nigger cock," he said.

And I did what I was told. Faster and faster, the tip of his cock rubbing against the roof of my mouth, covering my teeth by bending my lips back, and using my tongue licking the bottom of his rod.

His cock got harder and thicker, my jaw was aching, painfully aching, but I did not want to stop, I was compelled to keep sucking. Within minutes, he was completely naked. His body was perfectly sculptured. A man of god, without question. I pulled on his balls as I made love to his cock. His hairless sack hung at least 5 inches from his cock, with balls the size of golf balls.

Harry was sitting beside me on the couch, jerking his massive cock as I continued to suck my new friend.

"You fucking piece of shit white boy, you like that cock don't you."

"Yes," I said.

"Yes, sir, you fucking maggot."

Here I was being forced by this black man, dominating me like a submissive whore.

"Ok white boy, you suck cock good, lets see about that asshole."

Fear struck me, this man was going to stick his thick enormous cock inside me, Harry's I could barely take, now this guy, but then at the same time, I wanted it. I've been thinking about it as I told you earlier. So hesitantly yet needing, I turned my body over, and stuck my naked ass in his face.

"Stop, Tyrone." Harry said. "He doesn't like that." "It's ok," I said. Harry shut the fuck up.

Before Harry finished his sentence, Tyrone was eating my asshole, rubbing his tongue and fat lips over my hole, eating it like a pussy. I jerked my cock off, as the feeling of his wet tongue in my hole was almost unbearable in pleasure.

Then he stood up, put some lotion Harry gave him on his cock, lubricated my ass, and began to enter my tight hole. Oh my, I know I screamed louder than I had wanted as his cock entered me. The pain was too much, and I pulled back.

"No way you fucking faggot, I'm fucking you, you're not pulling back."

And with one heavy thrust he was all in me. And he didn't try and slow down; no he fucked me as fast and hard as he could. The pain subsided, partially because I was numb, and then the feel of pleasure moved through my body. My cock, hardened up, and I heard my self saying, "fuck me you damn nigger."

"What the fuck you call me."

"You heard me I replied, fuck me."

"You asked for it you little white boy."

He went even faster, hitting my ass with his hand, working on me to cause as much pain as possible, but I loved it. About 20 minutes later of this continuous pounding, I felt his cock thrust inside me, he was about to cum, I could feel it. He immediately pulled his cock out, turned me over with all the force his body could permit, and put his cock in my mouth, and told me to swallow every drop.

And I did, at least I thought, he then pulled his cock out, and finished cumming all over my face, Harry joined in, and also cummed on my faced, and finished jerking off, and came over my entire chest. Both men huffing and puffing, and I was lying on the floor full of cum.

"Not bad for a white boy," Tyrone said and then laughed.

"Thanks, you were incredible," I replied.

"Tyrone, you did good thank you," Harry said.

"I don't like being with men, did it for the cash, but you ever need me again, let me know, that was the best sex I think I ever had."

Same here, I said to myself, same here.

After a shower, a drink and a dinner later, Tyrone left. Harry asked if I had a good time, and I assured him I did. He then asked, would you still like to continue sucking my dick.

I replied, "Harry, Tyrone had a great dick, but yours is the best for me."

And I meant what I said. Tyrone's cock was incredible, thicker and maybe even longer than Harry's, but Harry's fit me just right. Hell 14 inches is not so bad, right. Harry explained that he was going back home tomorrow, but he'll be back next month with his wife, for the annual business party. "Guess we won't be having much fun then," I said laughingly. "You never know," Harry said. We shook hands, and I left for home.

What is in stored for us next, only time will tell?

SOMETHING TO WEAR
Billionaire Gay Story

Sean hangs back from the crowd pretending to be working, but really is immersed in picking out a new wardrobe.

"So, is Sean coming with us?"

Downstairs, majority of the students from his dorm were assembling for the class camping trip at a nearby beach for the day and night.

"He was wrapped up finding something to wear when I looked in. You know he stayed up all night looking at fashions online."

"Go naked, we girls won't care!" a female voice shouted upwards in the general direction of Sean's room.

"Maybe he has other plans. Don't tell me you too are bummed out that guy isn't coming?"

"Everyone is."

Upstairs, Sean has broken down into calling for reinforcement; not from his friends in the dorm anymore, they had been no help at all.

"For this upcoming gala, I'll wear just whatever Leon

suggests." Sean's mind was made up that only Leon could save his wrecked nerves.

A little frisky, he reached down his sweats to give his penis a tug and a couple of stretches, then cupped it tight and felt OK to make the call.

5:45 in the morning might be too early to call some people, but not Leon. Two short rings on the phone later, Leon's million dollar voice resounded into Sean's mind. Heavy and husky like the man was lying on his back with morning wood, still honey sweet with charm.

Sean's assigned alumni mentor in freshman year was this famed self made multi millionaire. As exams and graduation drew closer, he felt he couldn't have undivided attention from this man for much longer. He might never be in Leon's league; even though the two had spent many weekends together over the past seven years, and spoke often over the phone.

"Leon, I didn't sleep. Sorry if I'm waking you."

"It's okay Sean, I'm here." Leon cleared his throat a little and went on. "I meant to tell you last night, that I'm literally here in town. An early flight opened up Thursday night."

"That's awesome! does that mean we're spending a whole extra day together? Wait, sorry I just assumed that like an idiot, when you're a busy person."

Leon's laughter murmured smoothly through the earpiece.

"Don't get self conscious now you've called me at the crack of dawn, we may as well have breakfast."

On hanging up, Sean realised that he had started to stroke himself to the sound of that voice. He hastily pulled his hand up and found a distraction in running downstairs to make good-byes with his friends, who were piling into a bus.

"So sorry, I didn't get ready in time. It's just so early in the morning, right!" He joked around, but they were puzzled by his odd lonerism on this day, as he normally would be the center of attention.

Sean's head still spun from the experience of testing sports cars with Leon. The thought of meeting the man again in the next half hour put him in a focused reverie.

At last he stood in the mirror, ready in a 'casual, tasteful Friday' look. His brass blonde hair with large bouncy curls trimmed into a style on the back and sides. A blue knit cardigan, peach scarf, matching capri jeans, and loafers fashionably anticipated mild weather. The blue matched his eyes.

"But why do I just want to take it all off, now that I've put it all on?"

As if to talk him out of undoing his hard work, Sean's phone rang.

"I'm on campus but not yet ready to pick you up, I'm sorry. Is it okay if you go on without me first? All right, sending the car around to you."

At the Dean's office, Leon and some faculty members were in a deadlock over a serious matter.

"Ineligible for an award tomorrow night?" Leon glowered at the news that the Dean had called him in to receive, after greeting each other in the parking lot that morning.

"I'm afraid, " the Dean dropped his voice as if to be covert, "We have to consider that your partners were under investigation for a scandal."

"I built and sold an empire, never mind what my partners were up to!"

"We just can't overlook it, but I hope we can get past this.

"Indeed, we truly regret it."

"Your continued contributions to school affairs as an active member of the alumni are always valued."

"You're saying is that my achievements don't count here, but somehow my money is acceptable?" Leon protested.

When it was over, Leon strolled around campus looking for someone he could bum a cigarette off.

"Or never mind this, I don't need one. I've got to go see him now."

Sean was in a tailor's shop with one of Leon's credit cards in hand, still indecisive over what he wanted to wear.

"You in here, kid?"

At the sound of Leon's voice coming into the shop fitting room, Sean bolted to his side.

"What are you wearing to the Gala? I can't think of anything good."

"Um, Sean, I'm not going to the Gala." Leon's clean shaven baby face with green eyes, long lashes, and dimples betrayed nothing otherwise.

Shopping no longer important, "let's go somewhere relaxed," Sean posited.

"I want to be in my penthouse. Haven't gotten to swimming in the pool yet."

"Oh. Wow. I mean, yeah swimming sounds good."

Sean had spied that something was on Leon's mind. The 36 year old multi millionaire had ruffled his platinum hair into slight disarray, running his fingers through it. As soon as they got in the back seat of a cab, Sean felt he should smooth it out a little.

"Leon, there's some sticking out," he said, pushing back highlighted strands with his fingertips.

Leon had stretched out in the back seat as soon as his seatbelt was on, and let Sean lean in close.

"All of yours are always sticking out. These too."

Leon raised his own fingers, and cheekily twiddled the chest curls that popped out of Sean's low v-cut neckline, now the cardigan and scarf were off. The tickling made Sean breathless immediately. Having mentioned to Leon once that a woman played with his chest and turned him on, he wondered why it was happening.

"We're just going home, leave my hair and put your belt on kid."

'Home' was a skyscraper hotel where Leon stayed at everytime he came to town, usually for activities at the school. The two always went out and had never spent time just being indoors.

The car ride, and up the elevator was quiet. Although Sean attempted conversation, he was becoming desperately aware that Leon carried much of the banter.

"What happened at school?" Sean hoped to find out what had brought down Leon's mood, but the question was brushed aside.

"I'm going to meditate by the pool."

Leon charged through the penthouse door. Now not checking if Sean was behind him, he took off his clothes, leaving a trail of designer blue and white smart casual items on the living room floor.

Sean picked them up, feeling left behind. Alone now, he put them to his nose one by one, first briefly, then more and more boldly, as he collected them. Inside the bedroom door he found socks and... Boxer shorts. Sick and curious, he made himself sniff them all too, holding onto the shorts the longest. After neatly folding the clothes up, he went through the open glass doors to the infinity pool area.

Leon was on a daybed, his knees spread out and feet touching the ground, with reflective sunglasses on. Nude and covered in tanning oil, the 6 ft, lean, and muscular frame made Sean's penis get frisky. On cue, Leon stretched his feet wider apart as if showing Sean that he wasn't shy about being in full view. Blonde fuzz clustered below his chiseled abs and around a magnificent semi-erect cock, like a halo in the bright mid-morning sunlight.

Sean forgot his senses. He took his clothes off too, leaving them in a pile, and went to the bed next to his mentor.

"Would you like some oil?" Leon asked without moving as Sean's steps closed in.

"I can't tan, I just burn." Sean replied, keeping it casual despite the elephant dick in his face. "It's silly of me to get undressed now I think about it."

"There's sunscreen."

Sean sat across the next bed, facing his mentor, to use one of two lotion bottles at his feet. He then lay down on his bed, but let his legs hang over the sides too, the pleasure of sun tickling their taints. So this is what such luxurious privacy was good for.

After half an hour, Leon turned to lie face down.

"Sean, please get the dry spots on my back. I'll get yours too."

Sean got up and knelt on Leon's bed, behind his toned and spread ass, cock and balls winking out from below. He started to work from the legs, as they were dry too, to the arms, and inward to the back.

"Um, do you tan your balls Leon?"

The question made Leon laugh loudly.

"You don't have to touch me there. I kind of want you to though."

"Right."

Sean told himself that he was just being diligent. However the view from his position was making him harder. Brushing into the other man a lot, he wondered how Leon had made no comment on the hard shaft and cool precum touching him.

Rubbing the inside of Leon's exposed crease, balls, and penis shaft with oil was the most excruciating erotic situation Sean had ever been in. It gave him some relief that Leon, though hot and swollen, wasn't getting harder.

"Nothing's happened. So this isn't gay right?"

Finished with his work, he went back to lying face down and spread wide on his bed for Leon to come to him. Soon enough, Leon straddled the bed and assisted in applying sunscreen.

"You don't want to touch that." Sean spoke to stop Leon from picking up his moistened dick, throbbing precum out with every moment they were touching.

"I want to touch, Sean."

"Don't!"

At Sean's discomfort, Leon took both his hands off Sean's ass and placed his elbows on either side of Sean's shoulders, then leaned down to murmur sensually near his ears and neck.

"Let go, and let me touch you. Can I have your permission Sean?"

"I'm too turned on, please don't do it! I'm not used to this. I've never been... exposed and... touched all over." Sean turned his head to see how his words were landing before adding, "Leon, I might cum right here."

Leon's thick rosy lips broke out into a smile at the shy admonishment.

"And what if you cum right here? Oh god, you know what, if you do then I'll lick every drop up." Leon's voice turned husky, like it sounded in the mornings. " I just want to eat you."

With that, he kissed the corner of Sean's mouth which had just dropped open in shock.

"Leon! What are... Uuhhhh. You're crazy! Mmmm, mmh Leon, Leon no!"

Leon had sprung his hands back down to the slim boy's medium length but thick cock. Milking it from base to tip with a twisting motion, he upped the ante and plastered a wet tongue up and down the exposed asshole and balls.

Sean squirmed, yelled, and then stopped still to allow the thought of giving in. Leon's five-star tongue felt amazing, but then it all stopped cold.

Realizing Leon was standing up behind him, Sean sat upright to try and gather himself, and clasped his trembling legs tight. Leon sat next to him and wrapped him in an embrace.

"I told you a few stories, but I guess I was never clear. That I like men." Leon spoke slowly and held Sean's chin up with one hand, melting him with a direct gaze from his now wide green eyes. "I swear, my desire to look after you was always just that. Still, after you graduate, what will happen to us?"

A tear started to leave Sean's eye, making him turn away to hide it, but Leon held his chin firmly. "Please don't hate me Sean." Clasping the back of his head to give a full, deep kiss. Along with skillful soft lips, Leon maneuvered his hand on a path to Sean's lower torso, causing the slim younger man to arch his back and moan into his mouth.

"Oh god yes, Sean," Leon pulled back to plant softer kisses around Sean's Cupid-bowed lips. "Mmm ummm. Unngh!"

In a flurry of emotional energy, Sean slapped Leon's hand away, and ran, to the infinity pool. On the edge he dived in, and let himself sink. Leon walked over when he realised Sean was lying at the bottom. He sat on the edge to dangle his long, muscular legs in the warm, crystal pool.

After what seemed like an eternity, Sean's body became animated again to swim to the edge where Leon was waiting watchfully.

"Kiss me again, Leon."

Later, back inside the room, the two sat on the bed in robes sampling brunch treats from a room service tray. Sean was dizzy from kissing, and Leon from skipping breakfast.

"So I'm not participating in the school alumni program anymore." Leon finished his explanation on the events of the day.
"It's for the best. I can't stand the thought of anyone else getting to spend time with you."

"That makes me feel better," Leon laughed, "for using the program to get laid. Well, not really but you know what I mean."

"Oh, Leon I'm sorry for freaking you out earlier. I've wanted to be with you a long time, sort of... But when I was feeling that, I didn't think... See it's real now, and you really turn me on... Um... I feel lucky you like me too but..."

Sean blushed harder with each word he rambled, before blurting out the thought he was avoiding.

"Leon, are you going to put that huge dick inside me?"

"Yes Sean," Leon responded with a sensual drawl, inserting and tracing both hands all the way up Sean's inner thighs faster than the boy could speak, then squeezing softly on his balls, stopping at slowly circling his asshole with a fingertip. "All the time."

Which then caused Sean to hide himself under several pillows. Leon pulled the pillows off to unrobe and plant kisses on Sean's body head to toe.

I would like to invite you to read another one of
my books that I think you will really enjoy.
The book is called:

**_"EXPLICIT DADDY'S ADULT:
FILTHY HOT STORIES IN FAMILY VOL.4"_**

Enjoy!

BROTHERLY LOVE
Billionaire Gay Story

 Hi. The name's Kyle. It was crystal clear for me that I liked boys more than girls. And it was my brother Karl who pointed that out for me.

Pretty obvious actually, since the only period in school that I adore is PE, in the shower where all the chiselled abs gather and that's when people figured out that I was gay, which made it surprisingly easy to come out. No one really cared, well... except for this super religious girl who wouldn't stop lecturing me about how one gender was for the opposite gender and stuff, and I said,

"If God really hates us, then why did he bring us into this world?" She was speechless, and walked away as if her whole life was a lie.

My coming out helped me release this itchy fear that rested inside me when I realised I have a thing for boys. And now, happily attached to a boy called Zach.

My love for him was automatic, not because of the looks (although he does look hot) but of his humour which consisted of vines and video games, that I both coincidentally adore. Then the rest was history, the only 'History' that I would take a test for.

The night we met was also the night we got tangled on the bed. His cock was as perfect as the rest of him. It was a challenge to take in 8.5 inches without feeling like your ass is gonna rip. But I took it very well for a virgin.

And I lowered my hopes at that time thinking it was just another a one-night stand. But I knew better to know that I make wrong conclusions from time to time, he stayed.

I thought I wouldn't dare to look for big bulges or abs as long as he's with me. And who knew? That was yet another wrong conclusion...

It was another night filled with love (aka sex) and we were both sporting very horny boners that our jeans struggle to contain.

He started unbuttoning my shirt and I helped to remove his and my jeans as his lips travelled down my neck, and to my torso, licking my erected nipples like his favourite ice cream. (which is the reason why he doesn't eat it in public, it weirds people out). He sure was taking his time doing it, and I grew impatient.

I reached for his tightening bulge and squeezed every inch of it. His balls hang low in his ballsack and were the size of a ping pong ball. I envied them because in my opinion, tight balls turned me off.

His mouth was already under my belly button, which is a signal for me to start. I'm 100% sure I'm a cocksucker and wouldn't like to be sucked. Because of that it was either: I suck, or 69. But rarely am I the only one to be sucked.

I squeezed his bulge one last time and then I pulled down his boxers. His wonderful cock sprang out. Another thing I loved about him was how you just stare in awe at how impossibly big his cock looks like. It isn't obvious until he get closer. It's like meeting face-to-face with Godzilla.

I did my best to engulf it, and I started to lick from the bottom, and sometimes would go back down to tease him, 'tease him?' I hear you saying. Yes, it's a tease because his favourite part about a blowjob when the slit on the cock head gets licked. And so I finally did.

My tongue went a little into his urethra, for the first time in the night, he escaped a moan.

And then another, and another, one more frequent and more louder than the other. His precum rushed to the top where it tasted salty and sweet, he won't last long now.
Zach likes the part where I flick my tongue on his slit, but

that was when at the very end. His precum tasted exceptionally good today, so I just had to get more. I flicked more than I usually do, and this made Zach very jumpy during the whole process, and actually tried to pull himself away from me, from which I pinned him down as a response.

His moans were the loudest I ever heard, and it wasn't really that long before it was over. And take this to note, he didn't just cum, he blasted. Much like a can of coke after you shake it.

I swallowed as fast as I could, his cum tasted better than the precum, it was mainly sweet with a little hint of saltiness.

He passed out and I jerked off to his abs. My own cum doesn't taste the same as Zach but he so claims that he craves for it. (the reason why we 69 often, I got his cum- he got mines.)

I got in my jockstrap, which I loved wearing them because somehow, I feel extra horny when Zach fucks me from behind and my cock is just trapped into the jockstrap. I guess it's a fetish?

Then I went out for a snack. And I found a lonely Karl

drinking a shot of wine.

"Hey dude." He turned to me. "So how's the night going, eh?" He asked with a vile grin.

"Blowed him. Knocked out. I'll say... it's the best this week." I sound like I'm uncertain, but I actually am quite happy. I'm not one to share my sex life with just anyone, even with my brother. Still getting used to telling him since he also tells me about Karen, his girlfriend.

"Meh. Couldn't give her the big O, even when my dick is like, rock hard." I raised a eyebrow to that last part as if to say 'Oh really now?'

"Ugh. Believe it or not. She said she was the problem herself!"

"Fine, but has this happened multiple times?" I asked with much concern to which he nodded hesitantly.

"Man, I really hope she's not only after the D and mon- " Karl raised up a finger, "Excuse me, do I look like I own a billion-dollar mansion?"

"Okay... then only the D." "Who knows, maybe she said that to not make you feel bad."

"I dunno man." He face lowered with anxiousness.

"Hey." Trying to lighten the conversation, "isn't tomorrow your first day of work since the holidays?" "YOU FINALLY GET TO SEE STAR WARS!!"

Karl works is a staff in the cinema, managing the film camera and stuff so he's one of the luckiest people to see the latest movies first and what not. Except, after he's seen the movies like, 3 times day to the point where you already memorise all the lines, it gets boring and repetitive from then on.

"Oh yea... OH MY GOD I TOTALLY FORGOTTEN ABOUT THAT."

To his excitement, he dash back into his room to prepare for the occasion. And I got myself some waffles, even when it's still midnight. Why? Because my brain isn't in favour of the time, when it wants something it'll get it, and now it wants waffles.

I jumped on the bed, and kept Zach close to me.

***

The next morning, I regretted waking up because my dream was starting to get good. I had a lucid dream. To simply put it, it's a dream that you control. So take a wild guess on what I had? Yep. A wet dream.

Of course, I woke up with a raging boner. With a small wet spot on my jockstrap. I checked, and yes, just precum. I have to save some for my precious, Zach.

I'm not really in the mood to get up, even when my brain decided I had to and be a jerk to interrupt my dream. So I attempted to sleep once more, to which I easily did.

But this time I didn't get a satisfying result. It was a lucid dream, but... it was a mix of weird and sexy. Here's how it goes basically, I was in a game show identical to the answer-a-bunch-of-questions-to-   become-a-millionaire shows. But instead of a million dollars, it was a chance to be fucked by Benedict Cumberbatch. (I only him as Sherlock Holmes until after the dream I googled the one who acted as him, and then it felt like something in my whole life was a lie.)

Since it was a dream, the questions made no sense. But everything is believable to you in the dream world, so when I realise that it IS a dream. I took my chance and when I finally got my hands on Benedict. I woke up.

But I didn't mind. To me, he doesn't look like the type of person to take to bed. The other dream could was what I prefer.

I laid there face down, my mind still hazy thinking what to do now. It must be Monday, the day where I temporarily turn into a sloth. I'd lay in bed all day without even getting up. But I just went with what my brain wants.

Then suddenly, the door creaked open when I was a second to falling asleep. I jumped. It's Karl. And I was only in my jockstrap, butt exposed, to my brother. This has happened A LOT of times in the past and almost everyday, so I'm used to the occasional visit to my room. But what I didn't expect was when he was in the house, at 9 in the morning when his shift started at 7.

"What's up?" I asked. He stared at me for a while and then proceeded to walk around.

"Nothing. Just something came up..." His face full of emptiness. Which quickly turned into—wait?! Is this what it looks like—anger and revenge.

Something did came up.

"Did you know where your boyfriend was?" The question came so suddenly, I had no time to think, he answered for me. "At the cinema."

"I guess he wanted to see Star Wars too?" "And now guess where my girlfriend was."

This was starting to get tensioned, this isn't what I think it is, right? It couldn't be, it's impossible.

"Cinema, too."

He tightened his fists.

"On my break, in the toilet, the-"

"Karl, you aren't saying?"

"Yes, it so turns out."

He finally bursted, "KAREN CHEATED ON ME FOR YOUR BOYFRIEND."

My world shattered that day, the impossible has been done.

I couldn't believe him, Zach turning straight for a girl? Is he... bi?

"T-this, how?! What, why?!"

"That bitch really WAS after the sex, he never liked my looks, so I decided"

"I have to retaliate."

"DON'T! You're not gonna kill her aren't you?!!"

"No." "Something worse, in fact, I'm gonna do it now." He started to get on the bed, moving towards me.

"Karl." I said in fear. "W-what are you doing."

He got closer to me, and whispered to me, "Just pretend I'm Zach okay?"

With that, he pulled out a container of some sort from his pocket. Poppers. A legal drug used mainly by gays that makes your muscles relax and turn you into a total sex pig. What has gotten into Karl...

He proceeded to open the container and try to insert it into one of my nostril, I struggled but weaken when I accidentally inhaled it.

My whole body loosened up, so this is how a popper works.

I had enough power to concentrate on the current situation, something wet and slippery was between my ass cheeks. I can't believe it, Karl is giving me a rimjob.

And I couldn't do anything but accept what other taboo things he could do. He really is doing. Never had I imagined being fucked by a sibling. Had Karen really pushed him that far?

But to be honest... he's quite good at rimming. Part of me is starting to give in to him, and the other part wants this to end.

He circled the tip of his tongue on my entrance.

Combined with the popper, I moaned. Maybe even louder than Zach's last night. It was a sensation I never had before. Zach rimmed me before, but this is different. This is my brother. Everything he'll do to me will feel like a whole new experience, a virgin all over again.

The hesitant side of me got all the power, and pulled Karl away from me. He held my hands to my back. And shuffled on his knees, closer to my face.

He then pulled out his cock, which—looked HUGE, and it isn't my opinion, it looks like it could be 10 inches! My hesitant side weaken at the sight of it.

And I sucked, sucked it good. Mouth-fucked the hell out of it. It was super hard, he wasn't lying last night. That Karen is both a slut, and an idiot, for cheating on him. This continued for 5 minutes and he took it out. I wanted more, I begged, I actually begged for my brother's cock. My hesitant side is dead now.

I felt something thick on my ass, both fear and excitement stirred in me. This cock looks like it could already rip my ass before it even came in, but without lube? This is gonna be one hell of a ride.

He grabbed my ass cheeks and lifted me up and inserted his cock into me. It hurt, it really hurts, but he also brush, no SMASHED my prostate. This sent multiple waves of chills over my body while it also felt like my ass was ripped in half.

My hesitant side revived at the pain and fought back, before finally dying for good.

"Ohhhhh oh ooooh my goood—fuck me Karl—FUUUUUUU"

He followed my request, he penetrated his cock deeper into me and out, faster and faster, pounding my ass the way Zach hasn't done.

And then I realised I still was wearing my jockstrap, and my own cock was struggling to get out of it. My fetish made me hornier, wanting more of the monster cock of my brother.

He was so fast to the point where I can call it drilling, which I wished Zach could do. I was starting to think, that Zach wasn't really that good of a boyfriend at all.

And when the time finally came, I wasn't ready. I wanted it to last forever, from now till tomorrow. I wanted to spend my whole life with this monster.

With the roar of a lion, he cummed into me. His young seed spurted into me. It felt so thick and slippery, I wanted to keep it in my ass forever. When he pulled out, my ass felt empty. So did I. The feelings just escaped me.

Not until Zach fell on the bed with me, I thought, fate wanted this for me.

PLUMBING SAM
Billionaire Gay Story

Sam worked for D&D Plumbing and as the lowest in seniority he was required to be on call weekends. He did earn premium pay, it was called golden time, when he had to work but it was as if he was only called when he and his wife had plans. Sam and Silvia had been having problems and he was beginning to feel that his wife was embarrassed that she had married a plumber. As usual, the call couldn't have come at a worst time; he had just promised Sil that he would take her to visit her mother. Of course, no one calls a plumber on the weekend unless it's an emergency and this call was no exception. Some bar in the valley, had a broken toilet with water running all over the place.

He didn't have the time to argue with his wife and when he left, she was screaming at him. While he drove to the location he thought about the trouble he'd be in when he got home, maybe he could buy her something nice with the extra money he would make today. He was trying to convince himself why he put up with all of Silvia's crap as he pulled up behind the place. Sam just couldn't understand why women had to bring so much baggage into a relationship. Men weren't like that; if Silvia had to work, Sam didn't get all upset.

Sam got out of his truck and walked through the back door of 'The Money Tree Bar and Grill,' as the sign said. He went through the kitchen into the bar and saw no one. "Plumber," he yelled and heard someone say they'd be right there. He sat at the bar, thinking how nice the place looked, it was nothing like the bar he went to with his buddies. He thought it strange that there were all these pictures of movie stars on the walls and yet there were all men. Just then, the owner came out, thanking him for being prompt. He said he got the water turned off but he needed the toilet replaced before they opened at four. As the owner led the way to the bathroom, Sam told him he would finish as soon as he could.

While he worked, Sam let his mind wander; he was thinking about how odd that a place would only have pictures of male movie stars on the walls. As he turned his head to allow for better leverage to take off a rusted bolt, he noticed a hole in the partition between one toilet and the other. 'Duh,' this is a gay bar, he finally realized and he felt stupid for not noticing it before. He thought, 'I bet two men don't have to put up with so much shit just to get laid.'

Sam kept thinking about gays and gay sex but he kept coming up with, 'I just couldn't kiss another man and there'd be no way I'd let a guy stick his dick in my butt.' He'd have no problem letting a guy suck him off, and as he thought about it, he was sure he could suck a dick. He had watched Silvia suck him many times and she looked as if she enjoyed it. He looked at what he knew was called a 'Glory Hole,' and thought, 'You couldn't get any easier than that, some guy stuck his dick through the hole and you put your mouth on it. There was no baggage, no kissing, in fact you wouldn't even know what the guy looked like.

Sam had a bit of a problem finding a replacement fixture for the broken one. By the time he returned to the bar, it was already opened for business. He apologized to the owner and said he would hurry. There really wasn't that much to do and he got the toilet seated and installed in no time. Sam was down on his knees reaching around behind the toilet to turn the water on when he heard someone come in the bathroom. Not thinking anything about it, he continued to work, but when he looked up, he saw a cock sticking through the glory hole. He was shocked at first but then fascinated as he stared at it. Then on impulse, he leaned over and put the dick in his mouth.

OK, he had made his move but now what should he do next; he didn't know anything about cock sucking. He tried to think what his wife always did when she sucked him but now, he was drawing a blank. Well hell, he had a cock, what would he like done to him. He took the man's dick out of his mouth and could see the long strings of saliva stretched between him and the man. That one sight turned him on for some reason and he could feel his own cock hardening in his pants. He blew on the end still covered in spit as he rubbed him with his hand. He then kissed the tip before putting him back in his mouth. Luckily, the man was not huge so Sam was easily able to hold all of him. He licked the underside of his dick as he sucked on him. He kept producing more and more saliva all of which he transferred to the dick with his tongue.

When the man came, Sam had no warning and maybe that was a good thing for he might have backed out if he knew it was coming. Sam swallowed the man's cum so fast he had no idea of the taste. The cum was thick and it coated his throat as it slid down but still that wasn't so bad. Sam had been so occupied with the man's climax he hadn't noticed he had cum as well, filling his underwear.

He took his pants down to clean himself off only to see the man's finger waving him over. Just the thought of what he was about to do made him instantly hard again. Sam stuck his erection through the hole and immediately felt a mouth on his cock. This was so unreal, as this unknown person was doing wonderful things to his dick; Sam kept thinking this could be anybody.

After he came for the second time, the stranger released Sam's dick and he tucked himself away and pulled up his pants.

He heard the door close as the man left and Sam finished his job and cleaned up his workplace. He gave the owner the bill and was paid in cash. It was only after he was on the road that he realized he had just been paid golden time for giving his first blow-job. He already knew he'd be back to the Money Tree and maybe he could do some work for free to pay back the owner.

CUMMING FUN
Billionaire Gay Story

When David and his girlfriend Megan graduated from high school, he was more than supportive and enthusiastic about her moving out of her parent's home and into her own apartment. It would give them a lot more private time together for one thing. Which was something they hadn't had a whole lot of while dating up until now. But when he heard that she was actually moving in to an apartment with two other guys, he nearly had a fit over it, until she then explained, that her two roommates were gay.

David had of course helped her move in, and in so doing, had met Jared and Michael. He had liked them almost immediately, both of them easy going and laid back. And neither one of which acted like a lot of the stereotypical "gays" he had heard about, or very often seen. Had he not be told they were actually gay, he wouldn't have known to be truthful about it. And had he not seen them together in the apartment, he'd never have suspected anything there either. But they were loving, affectionate, and extremely playful with one another, always joking and having a good time. He could see why Megan felt comfortable being around them, as he suddenly found himself being too.

The one thing he had always liked about his girlfriend was the fact that Megan was so down to earth herself. Open-minded, almost to a fault. She wore little, if any makeup whatsoever. And though some might call her a plain-Jane, the truth was, he preferred her that way. She had a natural beauty to her, which he admired and appreciated. And loved the fact she didn't chase hairstyles, or clothing, or especially makeup fashions, trying to make herself into something she wasn't.

As the weeks went by, David became more and more comfortable hanging around the three of them, often doing so in the evenings as neither he nor Megan had a whole lot of money to spend going out on dates. Very often, they went in on pizza with Jared and Michael, and spent an evening of it together. By this time of course, he was used to seeing the two of them quite often cuddling up on the couch, occasionally sharing an intimate kiss or a touch here and there. But there had never been anything that he had found repulsive or disgusting about the way they acted around one another, no more than either of them did when seeing he and Megan likewise doing the same things.

The only thing David didn't always like was Megan's job. There were times when her schedule got messed up, or other times when she was due to get off work that she'd be asked to stick around for a while longer if things got busy at the restaurant she worked for. Or if someone didn't come in for one reason or another. But even then, he didn't mind hanging around the apartment waiting for her to come home, as again he had come to value and appreciate the new friendships he'd created with her two roommates. In time, he almost felt like he was living there with them as much as he found himself being over there. And it had even been hinted at once, though Megan's father had put his foot down whenever the subject was brought up. David guessed that with Megan living with two gay guys, that was one thing...but dating, seeing, even if they still slept together with a straight guy, was something else entirely. The bottom line was, he'd been given his own key. So it was just as though he did live there, and even helped out with expenses when he could, even though David was still living at home, working a part-time job while going back to school.

It was on a Friday night when he and Megan had made some very special plans together. Michael and Jared had likewise planned to spend the evening out, so they would actually have the apartment pretty much to themselves until later on that evening. He'd gone over to meet her there where he'd actually cooked up a nice dinner for two, rented a movie, one of Megan's favorites, and then of course, hoped to seduce her soon after that. He was right in the middle of fixing dinner when the phone rang, which he answered.

"Hello?"

"Oh baby...don't be too upset ok? But I'm going to be at least two hours late before I can get there, does that fuck things up for you too much?"

David looked over at the expensive Pork Chops he'd just finished barbequing, the baked potatoes only then having come out of the oven. Megan was supposed to have been there half an hour ago, he should have expected it and waited. But he hadn't. He'd wanted to surprise her with dinner all ready and waiting for her. As it turned out, he should have waited, and actually cursed himself for knowing better.

"I really am sorry baby, but Bill booked a large party tonight, and one of the other girls called in sick, and another one just up and quit. I'll be home as soon as I can get away. Please...don't go anywhere, just wait for me!"

Not sure what he could do to save the dinner, David cleaned everything up, sticking it all back in the fridge, and then headed off into Megan's room with a now pounding headache. He decided to lie down, let it pass, and wait for her to get home. He had immediately fallen asleep. The sound of voices somewhere in the back of his mind told him that someone was there, but even then he didn't get up, half hoping, half expecting for Megan to have arrived home, though he realized a bit later it had been Michael and Jared returning home instead from their night out. When he did wake, his headache gratefully gone now, he rolled over and looked at the clock. It was nearly midnight, and Megan still hadn't gotten home as yet. Frustrated, he decided to head home rather than wait for her as she'd asked, even though he'd intended on spending the night there with her after their fabulous evening together. David opened the door to her bedroom, stepping out into the hallway. Beyond, into the living room he could see the flickering lights coming from the TV, and though he couldn't hear anyone talking, he rightly assumed that the guys had both gotten home much earlier, and were still up watching TV, or most likely asleep there on the couch all cuddled up together as they sometimes did, especially as he couldn't hear anything at first. Quiet, so as not to disturb them if they were, David crept softly down the hall, just reaching the entry when he froze, stopping dead in his tracks! Before him, on the floor, Michael and Jared were busily pleasuring one another in a mutual "69" together. At first, David didn't have a clue as to what he should do. The doorway would necessitate his walking directly past them to reach it, though he could of course simply turn around and head back into Megan's room. He did neither.

To his own surprise, David continued to stand there, watching the two of them. Never before had he seen, or really thought about two men being together. And though he'd easily accepted and acknowledged the fact that Jared and Michael obviously had...did, and were now doing, he had never found himself curious enough to contemplate it, or ever wonder what it might actually be like, or feel like. Seeing them now, seeing how honestly erotic it actually seemed to appear, caught him entirely off guard.

David nearly turned around heading back towards Megan's room anyway. He stood fighting with his morality on the one hand, and wishing to give his two friends the privacy they no doubt would prefer having. Though for the life of him, why they weren't back in their own room doing just that went unanswered. Surely they had to know that Megan wasn't home as yet, and could very well be arriving any time now in fact. Maybe upon hearing her climbing up the steps, they'd bolt like rabbits back into their room, which is what David decided they must have already considered doing when the time came. David however, continued to stand there, watching the two of them, unable to move for one reason or another. The sight of them both, each slow sucking one another, tenderly, teasingly, and erotically, had given David an unexpected, unanticipated erection. And he found himself standing there rubbing it through the front of his jeans, though initially not realizing he had been.

But even more stupidly than that, standing where he was, for as long as he did, eventually gave away his presence. He'd forgotten about the TV, and the fact that his image could be clearly seen in the reflection of it as he stood.

"If you wanna watch, then you might as well come in and make yourself more comfortable," Jared suddenly said looking up directly at him. There had been no malice in his tone of voice, no surprised hurt, shock or anger in saying it. He was sincere, and sounded just as friendly as he ever was, just as though David had just been invited to sit and stay for dinner.

"I'm ah...sorry, I didn't mean, I was just waiting for..."

"Megan, yeah...we know, she called a little while ago, said she'd been asked to stay even later and then help clean up afterwards. Said the extra bonus money, not to mention tip money was just too good to pass up."

To David's surprise, Michael and Jared stood, each still sporting thick massive erections, though Jared crossed over to the kitchen counter pouring a couple of drinks. "Want one?" he asked, and then continued where Michael had left off. "She wondered if you were still here when she called. Jared went back into her room, saw you were asleep, and told her so.

She said not to wake you, but to tell you what had happened when you finally woke up. Which obviously...you did."

Once again David was somewhat surprised, though not at all ill at ease as the three of them stood there talking, though Jared and Michael of course were still naked, and still obviously somewhat aroused. Accepting his drink, though trying very hard not to look down at Jared's stiff prick when doing so, he took a sip as the two of them moved back over towards the couch sitting down on it. Now feeling somewhat awkward, though mostly embarrassed for having interrupted their intimacy, David took the chair across from them, intending to finish up the drink he'd just been given and then leave.

Much to his surprise, Jared and Michael reached over, each of them now stroking the other unabashedly, without any inhibitions in doing so in front of him whatsoever.

"Sort of hot...having someone watching you have sex," Michael commented. "We saw you standing there for several minutes, even whispered about telling you we knew you were there, then deciding against it until we saw you begin touching yourself."

"Yeah...that's when Jared decided to ask you if you'd rather be more comfortable while actually watching us..."

"Or..." Michael now added.

"Or what?" David asked curiously as the two of them looked at one another smiling.

"Or...let us enjoy watching you while you stroked yourself off, while watching us do it. That's pretty damn fucking hot too!"

At first, David was again speechless, not knowing what to say, or how he should even feel about that. He was having difficulty enough accepting the fact he had gotten aroused, seeing the two of them sucking one another's cocks, and now sitting there in front of him, still openly fondling one another.

"It's no big deal David," Jared added. "Megan enjoys watching us do it all the time!"

"What?" David said, not sure he had heard them correctly.

"Not to worry...we're gay remember? Neither one of us has a thing for your honey, nor does she for either one of us. But it's still a bit of a kick, knowing that she's enjoying watching us, and exciting as hell for the two of us to be doing it while she's watching. So...like I said, if you're interested, it's no big deal!"

David was now thoroughly confused. On the one hand, he wasn't sure if he was supposed to feel threatened or jealous over anything or not. Because the confusing part was...he wasn't. What he was, was honestly excited and aroused, his erection growing thicker and longer with each passing second.

"What if...ah, she ah...comes home, which she could, any moment now!"

"And so? What if she does? You seriously don't think she's gonna wig out at seeing you sitting here pulling on your pud watching us while we mess around. Not when she does it all the time now do you? Seriously David?"

"Is this where we tell him that she fingers herself while we are?" Jared asked turning back towards Michael with a shit-eating grin on his face.

"Seriously? She does?"

"She does." Jared and Michael said in unison. "So...like we said earlier, you're welcome to watch, or not, but...we're horny, and whether you decide to stay, go, or go back into Megan's room and wait for her there is up to you. But...I've got a nice hard dick that needs sucking, and I need to suck this nice hard dick that I have here in my hand!"

With that, David sat, watching as Jared once again leaned over, taking Michael's prick inside his mouth and began lavishing long slow stroking sucks as he did so, and as Michael sat back, comfortably so, feeling it, eyes closed and once again smiling.

David looked towards the door, then down the hall, but his eyes were again drawn to the two men. His prick now just as equally hard and straining to be free as theirs were.

To his own amazement and surprise, David stood, undoing his belt, allowing his jeans to fall down around his ankles, which he then stepped out of.

"Ooh, he has a nice sleek long one," Michael said commenting, as Jared then was forced to look up.

David felt a little shy at first, though his arousal was rapidly overcoming whatever inhibitions he might have had. Still stroking one another, which they were now doing again, Jared urged him.

"Do it David do it...let's see how you enjoy playing with that nice hard stiff prick of yours," he asked.

David did so, surprised at the level of arousal he was suddenly feeling, especially when Michael squeezed Jared's cock, producing a nice fat thick droplet of precum which he then smeared about the head of Jared's cock making it glisten, and then further using it to stroke him with, creating a very wet slick, slippery sound as he did so.

"Ooh, doesn't that look nice, and sound even naughtier?" Michael asked. "Let's see you produce one David. Go on...milk your dick for us, give us a nice droplet of cum to see, and then hear you work it around your prick!"

David did, finding it quite easy to do at the moment, hearing and seeing the two of them as they continued pumping one another all the while watching David doing the same.

He didn't even realize it at first, he certainly wasn't aware of anything for several moments, until the feel of Megan's hands coming from around and behind him as she leaned into him, pressing her bare breasts against him did he even know she was there.

"Megan?" David said suddenly standing in shock, disbelief and surprise. "How long have you been here?" he asked.

"Maybe, twenty, thirty minutes is all. I came home, saw you were asleep on my bed," she said smiling. David continued to look at her with a confused expression on her face.

"We talked about it...thought maybe we'd surprise you, see what you thought, did...reacted. I've been waiting back in their bedroom," she further explained, wondering if you'd be comfortable enough to go along with this. Like they said, we've all enjoyed watching one another. I mean...I certainly do, and I told them that I honestly didn't think you'd have a problem with it, and that you might actually find it exciting to see or watch. Like I said...I was right...wasn't I?"

There was absolutely no point in denying it. He was, and admittedly said so, though he felt slightly embarrassed by the admission.

"Oh for heaven's sakes David. It's not like I haven't been with a few girls myself before either," she then admitted to him, though by the look on his face, she realized he'd never considered the possibility of her having done that before, nor in being attracted to another woman either.

"Men!" Megan said rolling her eyes. "And even gay men at that too!" she said rolling them again. A guy can get all hot and bothered about seeing two women together, but we're not supposed to maybe find it just as equally as hot in watching two men? Well...I do, and I'll be the first one to admit it!" She then smiled, reaching down to begin fondling David's prick. "So tell me...and be honest about it David. Have you? Have you at least ever wondered about it? Thought about it? Considered it?"

To pretend he didn't know what she was talking about, or asking him was just as ridicules as sitting there stroking himself off while watching Jared and Michael together, and saying that he hadn't been.

"A few times perhaps...yes," he openly admitted to her. "But...I never have," he then added.

"So...it's not something you'd absofuckinglutely refuse to do then?" she asked. "Especially if I asked you? If it was something I wanted to see you do and enjoy...for me?"

David glanced over briefly towards Michael and Jared who now sat anxiously waiting for his answer, smiling hopefully. "No...maybe once it might have been something I'd never have considered. But under the circumstances, and especially as I really feel like the four of us have gotten so close...as friends, no. It wouldn't bother me any to do that at all."

David was surprised at the pure delight he then saw coming into Megan's eyes. "So...you've never sucked another man's cock before then huh?" she asked.

David smiled...he wouldn't lie, and the truth was, he really hadn't. "A man's cock? No. Have I sucked a cock before? Yes...once, well a few times, but only with the one other person," he amended a bit sheepishly. Everyone was now grinning.

"So...which one would you like to try first?" Jared asked anxiously. "While the other one sucks on yours!"

"Let me choose!" Megan responded to that, making it easier on everyone in her doing so. "And then after I've enjoyed that for a while...you can all switch."

Sitting on the couch, David felt Jared as he knelt on the floor between his legs, gently fondling and caressing his balls initially. When he felt Jared's mouth softly surround his hard prick, he was surprised at the intensity and arousal that immediately coursed through him, especially as Megan stood off to one side moaning, fingering herself and caressing her breasts as she watched.

"Now you," she directed Michael, "Feed David your cock!"

Michael then climbed up onto the couch, leaning in as David watched the hard thick member slowly approach. Without hesitation, as it neared, he accepted it, tasting the heady funky taste of Michael's prick, the sensation of his erection, the firmness and stiffness not unlike his own as he wrapped his hand around the shaft, slowly, softly stroking it, all the while sucking the head, getting the feel and familiarity of doing so, remembering how it felt whenever Megan had sucked his.

"Fuck that's hot!" Megan cried out moments later, the sound of her fingers milking her pussy, the squishiness of her own juice, now easily heard as David's mouth began producing nearly the same sounds around Michael's prick, and as Jared began doing to his. Jared's sucking, every bit as good...if not better even in some ways than Megan's had been. The delight at what he then did, teaching him as he did so, feeling the various sensations, and then applying those same ones to Michael's prick.

"Ok, now...switch!" Megan asked, which Jared and Michael then did, with David remaining seated on the couch.

Once again, it was the same, yet different. The taste, textures and similarities all too familiar, but the increased arousal he was now feeling and sensing continued to heighten. He enjoyed the feel of Jared's slightly thicker longer prick inside his mouth as he licked it, sucked it and continued jacking it, just as he was feeling his being done to.

"Man...I need to fuck now!" Jared exclaimed. "I'm too close to blowing off my load!"

Though a bit nervous yet in taking things quite that far, David was somewhat relieved when at Megan's suggestion that, the two of them fuck, or rather while Jared fucked Michael's ass, as David continued to suck on Michaels cock while he did so. Megan in turn had informed them all, she now wanted to suck on David's prick while the three of them did that.

With Michael now getting down on all fours, Jared proceeded to slick up his prick, having first applied a condom to it, and then eased himself inside Michael's well lubricated ass. After he had, David slid beneath the two of them, once again taking Michael's prick back into his mouth, sucking upon it, as Megan then lay between David's legs, now sucking on his.

It was indeed, one of the most erotic experience's David had ever known, and certainly not one up until now he would have ever considered doing before. But there was no denying the pleasure he felt, the pleasure he now knew he was giving. He could feel the excited throb coming from Michael's prick as Jared fucked him from behind. He could even see Jared's cock going in and out of Michael's ass, the bounce of his tight firm balls as he did so, suddenly reaching back to grasp them in his hand, gently kneading them.

"Oh fuck! That does it!" Jared cried out, and immediately began pumping himself off inside Michael's ass.

As he did so, Michael reached down removing his cock from David's mouth.

"Jerk it! Jerk it! Jerk me off!" he cried out. David watched as Michael's spunk flew from the tip of his prick, splashing against David's chest. He continued milking it, squeezing as much of it out as he could until at last satiated, near exhausted, Michael rolled over, taking Jared with him when he did.

He looked down, Megan gingerly still licking and sucking his cock. "Whenever you're ready," she said grinning towards him.

"We want to help too!" Jared and Michael both then stated, quickly moving down so that each one of them now lay on either side of Megan as she began feeding David's cock back and forth to the two men, allowing each a quick brief suck or two, before taking another one herself.

"Man...I can't hold out any longer here!" David then warned, already feeling the surge of his sperm as it began racing up the length of his shaft. All three now stroking him together, his prick fondled magnificently as they all watched the first jettison of his spunk tear through the tiny opening of his prick slit.

"Oh yeah! Yeah!" Megan squealed, as did Jared and Michael at seeing the incredible voluminous eruption taking place.

David saw stars, collapsing back against the carpeting, the

intensity of his orgasm electrifying. How long he, and they all lay there, he didn't know for sure. But finally it was Megan who stirred first.

"So ok...think you can get it up again and fuck me now?" she asked David. The thought of doing so, with Jared and Michael watching as he did, suddenly seemed just arousing as everything else had been. And even as he settled easily and comfortably between her outstretched legs, soon after inserting his prick inside her extremely wet cunt, he grinned, watching as Jared and Michael each took one of her tits and began sucking it, much to her delight.

"What? I like breasts!" Jared said looking bewildered. "If I had a choice, I'd have tits and a cock!" he then grinned.

David laughed looking down at the three very close friends he now truly had. Even as he slid his prick deep inside Megan, he nodded his head knowingly. "Yeah I know what you mean," he said. "I truly do know what you mean!"

HOTEL SESSION
Billionaire Gay Story

"Good evening, sir, what can I get you?"

"Vodka and tonic."

"One vodka and tonic coming right up, sir."

My customer was an attractive man with salt and pepper hair and yet he didn't look physically old enough to have almost totally grey hair. Handsome, he was tanned with a tight muscled frame, probably just under six feet. He was too rugged and masculine to be dressed in a tailored dark grey Armani suit. He looked wonderful but still out of place in the fancy duds. Military, not currently in the service, but he'd served before. Probably a twenty year man, like my father. I knew the type. Then he picked up his drink with his left hand. A West Point class ring, 1985, solid gold with the West Point seal instead of a gemstone. A gold wedding ring worn on the outside so the Academy crest is closest to the heart. Goddamn. He probably knew my father. Rich, too. A Vaucheron Constantin watch and Armani?. Shit. FUCKING rich. CEO, lawyer, doctor, born rich? I'd have to watch my P's & Q's.

"Not much of a crowd in the bar tonight, son."

"No, sir, it begins to wind down this time of night."

It was eleven P.M. in the bar in a fuck ass expensive hotel on the beach in Clearwater, Florida. I'd been working there for a month. I never dreamed I'd end up being a bartender but the tips are goddamn good and I need the money.

"What's your name, if you don't mind my asking?" Mr. West

Point looked at me with genuine interest. "Rowdy, sir."

He laughed. "Rowdy? Is that a nickname or the real deal?"

"Oh, it's a nickname, sir. Name's actually Clint but my Mom started calling me Rowdy from the start."

"Let me guess. Your Mom loves Clint Eastwood and she loved the old Rawhide television series."

I grinned. "I'll bet you're a detective, aren't you?"

He laughed again. "No, Rowdy, I wanted to be a detective when I was a boy but I grew up to become an attorney. It pays a hell of a lot more, the hours are better, and unless you really fuck up, no one shoots at you."

I was polishing glasses and cleaning the bar counter as he spoke.

"That's nice. You must enjoy it."

"Oh, it has its moments. I'd say your mother was pretty intuitive naming you Clint. And calling you Rowdy is right on the money. You could be Clint Eastwood's twin."

I stared at him. I'd heard this before. He took my stare as aggressive and became apologetic for the wrong reason.

"Sorry, Rowdy, I didn't mean you look like the man now. He's what, in his eighties? But I did watch the series when I was a kid and you do look like he did in the late fifties and early sixties. Hell, you're not his kid, are you? How old are you anyway?"

I smiled. "I'm not his kid and no offense taken. And I actually take after my father. He used to say Mom married him because he looked like her favorite movie star and SHE always said when he turned out to really be more like Dirty Harry than Rowdy Yates she divorced him."

"I'll bet that happens to movie stars all the time. People fall in love with the character they play. Then you get to know them better and find out they're really just pot smoking alcoholic neurotics. It happens in real life. Divorces happen every day because partners either don't live up to expectations or won't change to satisfy the other partner."

"Yeah, well, that changing part's not all it's cracked up to be. You change yourself so much you don't recognize yourself when you shave your face in the morning.

Then your wife has no respect for you because you let her walk all over you. She divorces you anyway and moves on to the next man, her new makeover project."

"You sound bitter, Rowdy," he said softly. "It sounds like your own personal experience."

"Sorry, sir, didn't mean to bore you. You here for the conference?"

He touched my arm and I fought not to jerk away.

"You're not boring me, Rowdy. And my name's Richard, Richard Mayo. I understand exactly what you're saying, better than you think. I've been divorced four times myself. I swear I'm never going to marry again. And apparently you've had a nasty breakup or two yourself."

He was sincere but I felt there was something else at work

here.

"Do you have children, Rowdy?"

"No, sir, Mr. Mayo. I can't say I'm sorry about that either. So which conference are you here for?"

"The bank management group." He sighed deeply. "Bank and management, now there's an oxymoron for you. Like sharp and dull. Trouble is, most of these people are dull. I haven't seen a sharp knife in this bunch yet. I don't know what the fuck I'm doing here.

Mayo finished his drink and sat it on the counter.

"Pour me another one, Rowdy. Maybe if I drink enough I won't mind it so much."

I poured him three more over the next half hour and served a few other stragglers. Mayo called me to his end of the bar again.

"Pour me another, Rowdy."

"I don't mean to offend you, sir, but you've had enough tonight. Why don't you go up to your room and sleep this one off? I'm sure you've got a busy day tomorrow."

I saw a quick flash of anger before he reined it in. Suddenly everyone had gone and he was the only bar patron again.

He smiled. "What time does the bar close, Rowdy?"

"Three A.M."

"Shit. Long goddamn night for you. They mean to get every penny they can from the drunk tourists in this town, don't they?"

That was funny and I laughed sharply. He didn't know how right he was.

"I get off at midnight. Someone else is gonna finish the night shift."

His eyes bored into mine, refused to look away, and I wouldn't let him stare me down. He might have been a fucking general or something but I was a military brat. I outranked him.

"How old are you, Rowdy?"

"Twenty-four, sir."

"Would you please pour me just one more and then I promise I'll call it a night."

I gave him a cold stare and poured him another. I turned to finish up my chores. Margie was a fucking bitch if she had to do anything other than pour a few drinks in the few hours of the AM shift. The shit she'd stir up with her complaints was not worth the price of pissing her off just for grins. And the stupid cunt's job was to clean the bar, a janitor of sorts who was also required to serve drinks to the few idiots who showed up in the wee hours of the morning.

"What would it take to get you to come up to my room tonight, Rowdy?"

His voice was low and I was stunned. I turned to him and saw the naked pain in his eyes. It took a lot of courage, vodka courage, for him to get to the point.

"Please," he whispered. "I want you tonight. I'm dying here."

I made a quick decision. I'd never had sex with a man before. I'd fucked a few women before who'd come on to me in the bar but I was careful. Management had strict rules about sex with the guests of the hotel. They'd fire you instantly and poison the well for you in the hotel industry.

Shit, in this economy you'd be lucky to get another job. Sex with hotel guests can lead to legal charges of prostitution, can ruin a hotel's reputation permanently. If hotel management had its way, they'd make us wear chastity belts while we were on the premises.

"What's your room number, sir?"

I swallowed hard. What was I doing? He was probably a goddamn plant sent in to test me. I suddenly expected to be fired.

"Room 907."

Mayo looked so relieved that I'd asked for his room number I knew he was on the level.

I cleared my throat nervously. "Go to your room, sir. I'll be along in about half an hour."

He grinned. "I'll be waiting for you, Rowdy. You won't regret it."

He turned and left the bar. I was regretting it already but I was too far in. I could choose not to show up but then the bank assholes were going to be here the whole goddamn week. I couldn't face him again if I didn't keep my word.

He was my first man. When I started working at the bar I was trained by Steve, a sexy gay man in his late forties, who worked the day shift. He wasn't effeminate. You couldn't tell he was gay unless you were around him for several hours and he relaxed.

Then he'd make some way off-color jokes or maybe it was something about the way he held his head, his walk, the way he'd look at you if he decided he liked you; all changes that didn't appear unless he totally relaxed in your company, when he turned Steve Serious to the off position. Any man with halfway decent gaydar would pick up on his homosexuality after that. It hadn't taken me more than twenty minutes before I caught him staring at my ass and I knew. He'd just grinned but he never made a pass at me. I wasn't sure why not. It's crazy. Most straight men get offended when homosexuals make a pass at them but then they really get pissed off when a gay guy totally ignores them. You think you've lost your sex appeal completely if you can't attract a queer.

Somehow I think Steve knew that and he played with me. He teased me a lot about being a cowboy, even brought me a cowboy hat as a gift on my birthday a week after I'd been hired. But he never made the slightest move on me. Instead he talked about the money I could make with my ass, my looks. He told me about the desperate women in the bar, women who would give anything to be fucked by a good looking young man, their chance to feel young and desirable again. Of course, he said, some had never been desirable but people like to have sex and money's money. He confessed he'd made a lot of money using his ass while working in the bar.

He told me the most money comes from the men. The men who are on vacation in a hotel at one the most famous beaches in the world, seeing all the sexy men and women cavort in the surf in miniscule bathing suits. Men who are straight but in our sexual environment want to experiment with one of the studs they see wearing next to nothing. Steve told me he was paid five thousand dollars one night to fuck a U.S. Senator, a man who had been on the national political stage for over thirty years, had even been considered for the vice-presidency once; a man in a celebrated marriage who just wanted Steve to fuck him in the ass all night long. Steve laughed and said he'd taken a dildo with him to the man's room. After all, he couldn't fuck him all night long but Steve said the dildo did the job and he'd performed the task himself twice that night. The grateful politician had given Steve a handful of hundred dollar bills and thanked him profusely for making love to him. The handful of bills had totaled five thousand dollars. The senator had stayed at the hotel several times over the years, each time asking Steve to his room, and forming a loving and friendly relationship that no one knew about.

I'd wondered which Senator it was. We have many politicians who stay with us, lots of celebrities, but gays have tight lips. They like to gossip like most men but I'd never known one to out another man, to kiss and tell. They'd rip a female to shreds over her lack of taste, criticize, and gossip like housewives on a reality show but never squeal on a straight man.

I knocked on the door and Richard Mayo answered at once, barefoot, wet hair, and wearing a robe.

"Come in, Rowdy," he said nervously.

I walked in more nervous than he, suddenly afraid of what might happen. My memory flashed to a movie I'd seen years ago where a handsome man murders male prostitutes. The murders were fucking brutal. Mayo stepped back into the room and stood by the balcony door.

"Take your clothes off," he ordered.

"Yes, sir."

I'd never undressed in front of a man in this situation and I was embarrassed. I slipped my shoes off and toed my socks off, laughing to myself. Your feet are naked, Rowdy, I thought, now comes the hard part. I pulled my shirt over my head and I saw him watching me, naked lust in his eyes. I stretched and yawned, nervous as hell, and deliberately flexing my muscles. Might as well give him a show. I unbuckled my belt and the jeans button before unzipping them, looking at his face as he watched my hands. I couldn't do it. I couldn't drop my pants in front of another man like this with him watching me. I turned my back on him and dropped my jeans and boxers to the floor in one move. I heard him whistle softly. I turned around and looked at the floor. I didn't have an erection, wasn't sure if I would even be able to get it up.

"Goddamn, Rowdy, you're fucking gorgeous, you know that? Fucking gorgeous. How big's your dick, eight, nine inches?"

I didn't reply and I blushed, my face burning hot. I knew my body was in good shape. I worked out every day, ran on the beach, played beach volleyball, swam. I was a bartender who never drank a drop. Alcohol makes me puke every time. The doctors tell me my body has a metabolic intolerance for alcohol and rejects it immediately as a foreign invader. Things the body immediately rejects either get evicted by vomiting or diarrhea. I'm six feet, four inches tall, slender and muscled, with almost no body hair, just the dark brown curls under my arms and above my penis. Faint rings of hair around my nipples, a thin dark trail of hair from my belly button to my pubic bush, and a dust of hair on my lower legs, otherwise a tan hard body with a white ass that's never seen the sun.

I looked at his face. Mayo's face was flushed and I could see his erection poking like a stick into his robe. I felt almost faint and I turned around again, humiliated that I'd come to his room. For the first time in a long time I was totally panicked and afraid I might cry. Shit. I hadn't cried in years. But I'd never stripped off naked in front of another man so he could ogle me before he fucked me either. Suddenly I felt him behind me, his erection poking into my ass, his arms surrounding me, his lips kissing the back of my neck.

"Don't be so shy, Rowdy, you act like you've never had sex before. A good looking boy like you, I'll bet you've been fucking like a bunny since you hit puberty."

His teeth nipped at my ear and kissed my neck.

"What happened here?" he asked softly. "It looks like a rope scar."

I froze. I'd forgotten about the scar around my neck. In a panic, I simply told him the truth.

"I hung myself, tried to commit suicide a few years ago. Obviously it didn't work," I managed to croak out from the bottom of my gut.

He kissed my neck gently.

"I'm sorry. You're too beautiful for that, Rowdy. And I don't just mean what I can see of your body. You've got a good soul. You're a good man. Trust me. I've had to make this judgment call thousands of times in my life. Why do you think I risked everything I have to ask you up here tonight? You're a man of honor, Rowdy. It's a rare thing in this world today."

Just as I was digesting what he'd said to me he pushed me face down on the bed. His hands pulled my buttocks apart and I felt his hot breath on my ass just before his tongue licked my asshole. I jerked and he held me down, strong and in control. I closed my eyes and buried my face in the pillow. He kissed and licked my ass for the next half hour or so and I felt the rasp of his beard scrape the soft skin of my buttocks. He was only a few hours away from his morning shave and it showed. Now I knew what my ex-wife had complained about when I'd put my face in her pussy before shaving in the morning.

I felt something cold as he poured some sort of lubricant on my asshole. His fingers rubbed it in and a finger penetrated me. Then he rolled me over and sat straddling my chest, his erect cock in my face. I saw his fully naked body for the first time. He had less body hair than me, none on his chest or legs, only a few strands under his arms, and a small patch of black curls above his dick. His erect dick was maybe six inches, maybe less but it was thick like a goddamn arm. There was a huge purple vein running down one side and a pronounced circumcision scar, and the head of it looked like a peach, dark pink with the piss slit long and dripping his semen. He handed me a condom.

"Put it on with your teeth," he ordered, his eyes dancing with amusement.

I put the condom in my mouth and almost giggled. I wasn't sure I could do this and I had a vision of a police report stating I'd died from a condom lodged in my throat. I carefully held it between my teeth and lips before putting my mouth on his cock. I had a sudden thought that with my luck the condom was in my mouth backward and I'd have to take it out and start over again. I really did giggle then and Mayo smiled and ran his fingers through my hair gently.

"This is fun, huh?" he laughed softly. "I'm glad you're enjoying it, Rowdy."

I carefully rolled the condom over his cock as he pushed it into my mouth, the tip finally pushing against the back of my throat as my nose pressed into his pubic hair. He sat still for a minute and then leaned over me, fucking my mouth like a pussy. After a couple of minutes of being face fucked, he twisted off me and rolled me on my stomach again. He pushed my thighs apart and then held my buttocks open wide before I felt his cock touch my asshole. The moment of truth. I buried my face in the pillow again as I felt the thickness of his cock press against the hole. He made a few preliminary pushes and stroked my ass with his fingers.

"Push out like you do when you shit, Rowdy. Strain against

my cock like you do when you're constipated. It'll be easier that way."

I did as he asked and he pushed again. I felt and heard his cock as it entered my ass. I gasped, almost screamed.

"Whoa, cowboy, don't buck me off yet. We'll take it slow. I know my cock's thicker than most."

He pushed in small increments with me gasping at each move, now biting the pillow, keeping my eyes closed throughout the ordeal. Eventually I felt his pubic hair against my ass, his balls hanging on mine, and I knew he was all the way in. Mayo leaned over my back and I felt him kiss my shoulders. He began to push his cock slowly, small retractions and re-entries, never fully pulling out. I relaxed. He was fucking me like I fucked women. Suddenly the sphincter muscle was totally relaxed and his entry was smooth, slippery from all the lubricant. Mayo lowered his body onto mine, his full weight on my back. He kissed and licked my neck, my earlobes, and he pulled my hair gently with his teeth.

He began to rock on me and suddenly he was fucking me for all he was worth, his cock pulling all the way out before slamming back in to the hilt. What had been painful was now pleasurable and I started moaning with each thrust. I felt like I'd never felt before and wondered if this was how women felt when men fucked them. Mayo kept at it, fucking me like an animal, grunting, cursing, biting my back. He grabbed my hair with his hand and pulled my head back, turning my face toward him.

He kissed me gently, a surprise considering the force with which he was fucking my ass.

I let him slide his tongue in my mouth and had a sudden thought from high school locker room jeers. It's okay to let a queer suck your dick occasionally, you can even let him kiss your lips and body if it gets him off while he sucks you. But if you let him put his tongue in your mouth that means you're enjoying it way too much. Then I laughed inside, amused at my thought. The jeers had been about the rules of letting a queer give you head, all in place so a guy could get his rocks off pleasurably when no girl would oblige. Letting a guy fuck you in the ass was beyond the pale. I'd definitely gone over the dark side.

Mayo's fucking became frantic as his orgasm neared and my nervousness was gone, no more pain, only pleasure and I enjoyed what he was doing, loved it as I'd never loved anything before. I'd barely had an erection through this and suddenly I had a raging hard on pressing into the bed. Mayo's cock was slamming into me as he'd pull it all the way out before smashing it into me again. I could hear the suction sounds of the thick lubricant in my asshole and on his condom. I felt his balls slam into mine with each hit and then it was too much. I pushed against him and began to convulse, becoming the bucking bronco he'd teased me about.

"That's right, Rowdy," he grunted, out of breath. "It's about goddamn time, too. I thought you were never going to cum for me."

I exploded as I began to ejaculate my semen onto the bed beneath me. My balls churned as my asshole gripped his cock like a vise. Mayo slapped my ass hard with his hands as his own orgasm began and then he totally collapsed on me, moaning and panting into my neck as I felt that thick cock of his spasm and fill his condom with his cum. We lay like that for what seemed like forever, his cock still in my ass.

Then he rolled off me and stood up. I watched as he walked over to the dresser. He pulled his wallet out and removed a wad of money. I suddenly felt cheap. I'd enjoyed his making love to me. I'd really truly enjoyed my first sexual encounter with a man and I didn't want it ruined by seeming like a prostitute. I stood up, pulling on my clothes at record speed. I slid my shoes on and put the socks in my jean pockets.

"I don't want your filthy goddamn dirty money," I said brusquely. "I'm not a fucking prostitute. I just made a motherfucking mistake here. I'm just a sick queer whore."

I felt the tears sting my eyes but I was determined not to cry in front of him.

He pulled me into his arms, his naked flesh pressed against my clothes. He forced my head onto his shoulders.

"Don't do this, Rowdy. I know you're not a prostitute and I know for goddamn sure you're no queer whore. No one's ever fucked your ass before, I'm sure of that. I was your first man, am I right?"

My yes response was muffled in his shoulder. He smelled like soap and sexy cologne, something probably expensive because I'd never smelled it before.

"I'm giving you this money because I want you to have it, because you made a sad old man feel wonderful again. I've got tons of money; more than I'll ever spend and no one I care about to spend it on. Swallow your pride and take this. Please. It'll make me feel less like a dirty old man who stole your virginity."

I stepped back and looked him in the eye. The deep sadness within him seemed permanent. I took the money and put it in my pocket, then blushed. He kissed my nose gently and touched my cheek with his finger tips.

"I love it when you blush, Rowdy. Don't ever lose that genuine humility you have, son. Be true to yourself and try to do what makes you happy, not what your Dad wants. If you take my advice I guarantee you'll never put another noose around your neck again.

I was startled and he saw it. A wave of panic swept over me as my suspicion came to life. He saw it in my eyes. His hand gripped my face and forced me to look at him, not harshly but with a gentle strength.

"That's right, Rowdy. I know your father. He's a disgusting bastard and I never could understand why Cheryl married him in the first place, why he married her for that matter. You bear a vague resemblance to him but I had no idea until I saw the rope scar. Then I knew. I remember Cheryl calling me in hysterics after she found you hanging in the closet.

I looked at him, looked up and down his naked body. He was in fantastic physical shape and the foreskin now covered his soft penis.

"I know. You think I'm just a sick pervert in a revolting old body. It's okay if you want to think that, if it'll make you feel better."

"I don't think you're a pervert at all, sir. And you're not revolting at all either. You're sexy and handsome, my idea of what a man should be. Why do you think I made you my first?"

He took my hand in his and pulled it to his lips, kissing first the top and then the palm.

"Thank you for that, Rowdy, I mean it. I feel like I can breathe now."

He smiled at me and there was no sadness in his eyes this time.

"Do you think you might let me make love to you again

while I'm staying here this week?"

I grinned at him.

"There's no 'might' about it at all, sir. I'd love to have sex with you again, I want to. Just no more money, okay?"

He laughed. "This week doesn't look so bad after all, Rowdy. And we'll talk about the money bit. I've got no one else to give it to that I care about. Indulge me."

I leaned forward and kissed him on the lips again before leaving. I smiled the way I hadn't in a long time as I heard the door click behind me.